Eduard Hubl

Die Ethnologie im Spannungsfeld zwischen historischen Aspekten und gegenwärtigen Konflikten

*Beiträge zur bildungspolitischen Entwicklung
in einer multikulturellen Gesellschaft
unter Berücksichtigung kulturabhängiger Aspekte*

BoD
BOOKS on DEMAND

Bibliografische Information der Deutschen Nationalbibliothek:
Die Deutsche Nationalbibliothek verzeichnet diese Publikation in der Deutschen Nationalbibliografie; detaillierte bibliografische Daten sind im Internet über http://dnb.d-nb.de abrufbar.

© 2019, Eduard Hubl
Herstellung und Verlag: BoD – Books on Demand, Norderstedt
Korrektorat: Ina Balfanz
ISBN: 9783750435094
www.bod.de

Eduard Hubl

Die Ethnologie im Spannungsfeld zwischen historischen Aspekten und gegenwärtigen Konflikten

*Beiträge zur bildungspolitischen Entwicklung
in einer multikulturellen Gesellschaft
unter Berücksichtigung kulturabhängiger Aspekte*

Inhaltsverzeichnis

1. Kapitel
Historische Prozesse in der Ethnologie im Spannungsfeld kultureller Verständigung

Einleitung

Die Ethnologie ist im Vergleich zur Philosophie eine relativ junge Wissenschaft. Aus der Ethnographie und der Völkerkunde hat sich um 1900 eine Ethnologie mit wissenschaftlichen Fragestellungen in Europa entwickelt. Die Sichtweise der Anthropologie, die sich in Frankreich, Großbritannien und Amerika etablierte, verursachte inhaltliche Spannungsfelder zur Völkerkunde und der Ethnographie in Deutschland.

Noch heute wird der Ethnologe in Afrika mit Ablehnung von der Bevölkerung betrachtet, denn die Ethnographie sowie die spätere Ethnologie beschäftigte sich sehr stark mit der Kolonialpolitik und unterstützte auch die Zielsetzungen der Kolonialherrschaft.

Die Anthropologie in Frankreich wurde auch durch das Zeitalter der Aufklärung sehr stark beeinflusst. Hier waren bedeutende Philosophen der Aufklärung, wie z.B. Voltaire, Jean-Jacques Rousseau, Immanuel Kant und Johann Gottfried Herder, um nur einige zu nennen, die gedanklichen Wegbereiter für die Begründer der europäischen Anthropologie bzw. der Ethnologie. Hier sind für Frankreich Emile Durkheim, Für Deutschland Adolf Bastian und Leo Frobenius sowie für Großbritannien James Frazer, aber auch Edward B. Tylor zu nennen.

Problemstellung

Meines Erachtens sollte sich die moderne Ethnologie und Anthropologie neuen Themenfeldern auch in der eigenen Gesellschaft öffnen. Die Ethnologen sollten sich mehr ethnologisch positionieren und ihre Forschungsergebnisse mehr in der Öffentlichkeit darstellen. In unserer multikulturellen Gesellschaft wird eine positive Neugierde für andere Kulturen immer wichtiger, denn nur durch gegenseitiges Verständnis und gegenseitigem Respekt können mögliche soziale Konflikte durch das Zusammenleben unterschiedlicher Ethnien gemeinsam und nachhaltig gelöst werden. Die „Interkulturelle Bildung" sowie die „Interkulturelle Kommunikation" sollten unbedingt in der Politik, in der Wirtschaft und in den Bildungseinrichtungen als Kernaufgaben z.B. in der europäischen Wertegemeinschaft definiert werden, denn die Flüchtlingsströme an den europäischen Außengrenzen können meiner Meinung nach nur gemeinsam von der EU gesteuert werden. Gegenwärtig sind nur wenige Mitgliedsstaaten der EU dazu bereit. Frankreich und Deutschland gestalten derzeit eine gemeinsame positive und humanitäre Aufnahme der Flüchtlinge.

Es wird zu wenig nach Gemeinsamkeiten gesucht und die Andersartigkeit wird leider zu wenig als positive Entwicklung in der Vielfältigkeit wahrgenommen.
Auch Interkulturalisten gehen davon aus, dass alle Menschen vernunftbegabte Wesen sind, die auch ähnliche Konfliktstrategien besitzen, um grundsätzliche menschliche Probleme durch eine vergleichbare Logik nachhaltig zu lösen. Somit sind die Grundannahmen in der Ethnologie durchaus mit der interkulturellen Kommunikation vergleichbar. (Moosmüller 2011: 276) Nach Moosmüller (2011: 279) ist die Anerkennung von kultureller Differenz davon abhängig, ob die Mitglieder einer Mehrheitskultur oder einer Minderheitskultur befragt werden. Die Angehörigen von Minderheitskulturen wollen kulturelle Unterschiede sehen und Anerkennung für ihr Anderssein erfahren. Dahingegen wollen die Mitglieder der Mehrheitskultur die kulturelle Andersheit ignorieren. Durch diese beiden Betrachtungsweisen wird die Anerkennung kultureller Differenz unterschiedlich gewichtet.

Forschungsstand und theoretischer Rahmen
Aspekte und Aussagen zum Kulturbegriff
Aspekte zur historischen Entwicklung:
Die Philosophen und Humanisten des 17. und 18. Jahrhunderts
hatten sich in ihrer philosophischen Arbeit mit dem Kulturbegriff auseinandergesetzt. Das zentrale Thema im Kulturbegriff
war für Pufendorf und Herder die humanistische Betrachtungsweise. Pufendorf betonte, dass die menschlichen Werte
und die Religion zu pflegen sind. Pufendorf bezog die Kultur
auf das „Recht der Natur und der Völker". Er definierte „Natu-
ra mit GÖTTLICH" und „Cultura mit MENSCHLICH". (Hahn
2013: 18 – 19)
„Obgleich die französische Ethnologie weiterhin unter dem beherrschenden Einfluß von Claude Lévi-Strauss stand, gelang es
Maurice Godelier (1973), Claude Meillassoux (1976) und anderen Ethnologen ihrer Generation, eigenständige Positionen
zu entwickeln, indem sie die Ansätze des historischen Materialismus für die Ethnologie fruchtbar zu machen versuchten.
Auch in der niederländischen und in der deutschsprachigen
Ethnologie spielten neomarxistische Ansätze in den sechziger
und siebziger Jahren eine wichtige Rolle" (Kohl 2012: 165).
Nach Rudolph (1992: 62) zeigt die Kultur eine durch Menschen entwickelte und zielgerichtete Innovation, die alles
Nichtmaterielle und Materielle umfasst. In seinem Kulturver-
ständnis werden keine von der Natur aus vorgegebenen Prozesse im menschlichem Dasein betrachtet. Durch die Erneuerun-
gen in seiner Kulturbetrachtung wird eine „Gesamtheit der
Ergebnisse" entwickelt.

Alle menschlichen Kulturen haben Unterschiede und möglicherweise auch Gemeinsamkeiten, die sich aber oft nur durch
abstrakte Fragestellungen hinreichend erklären lassen. Die her-
vorgehobenen Aspekte geben zwei grobe Richtungen in der

Theoriebildung. In der einen Richtung sucht man hinter der Mannigfaltigkeit der Kulturen einen einheitlichen Grundsatz, um eine Gemeinsamkeit dokumentieren zu können. In der anderen Richtung sucht man Aspekte, die die unendliche Vielfalt menschlicher Kultur aufzeigt, also gewissermaßen den umgekehrten Weg in der Argumentationskette verfolgt. (Kohl 2012: 133)

Im Gegensatz zu Herder entwickelte Rousseau ein naturbezogenes Argumentationsmodell, denn für ihn war die Natur der Ausgangspunkt und erweiterte die biochemischen Prozesse auf die kognitive Ebene. So sollte Edelmut und moralische Sensibilität bereits im kindlichen Wesen dispositioniert sein und bräuchte nicht anerzogen zu werden. In diesem Modell erscheinen Kultur und Zivilisation als Störenfriede. (Hansen 2011: 227 - 228)

„Den universalen Strukturen des Geistes kommt letztlich der Status von allgemeinen Strukturen des Gehirns zu, sodass es gelingen könnte, Kultur- in Naturwissenschaften zu überführen [...]" (Reckwitz 1992: 219).

Der 1. Versuch einer eigenen Definition zum Kulturbegriff:
Kultur ist eine ganzheitliche Entwicklung verschiedener Gruppen in einer Gesellschaft, mit variablen Zielsetzungen, sodass veränderbare Bildungsinhalte eine gemeinsame Sozialisation nachhaltig bzw. situativ gestalten und die unterschiedlichen Bedürfnisse gegenseitig mit respektvoller Achtsamkeit gewürdigt werden können. Der Prozess der kulturellen Aushandlung sollte in einer multikulturellen Gesellschaft eine positive Absicht zur gegenseitigen Verständigung in der Annäherung darstellen. Die Suche nach Gemeinsamkeiten und die Akzeptanz der Andersartigkeit könnte als eine „Entwicklungsenergie in der kulturellen Aushandlung" angesehen werden. (Hubl 2015)

Die französische Kolonialherrschaft

Der Kolonialismus –„mit der unsozialen und ausbeuterischen Zielsetzung der Großmächte" – hat meines Erachtens noch heute negative Auswirkungen auf die innenpolitischen und gesellschaftlichen Strukturen der ehemaligen besetzten Gebiete. Auch durch die Bekehrungsabsichten der christlichen Weltreligionen, die zwanghaft und kurzfristig ihre Religionsinhalte vermittelten, entstanden meiner Meinung nach strukturelle und nachhaltige Spannungsfelder, die noch heute Konflikte im Zusammenleben darstellen. Eine innere Phase der Reflexion war nach meiner Ansicht nicht möglich und somit konnte auch keine nachhaltige Akzeptanz der fremden Bildungsinhalte/ Religionsinhalte mit der traditionellen Glaubensentwicklung in Einklang gebracht werden.

Definition:

„Kolonialismus, Anlage von abhängigen Gebieten (Kolonien) durch einen Staat außerhalb seines Territoriums. K. wurde bereits von den antiken Reichen (bes. Rom) betrieben und gewann für Europa mit der Erschließung der Seewege in andere Kontinente seit dem 15. Jh. wachsende Bedeutung. Unterschieden wurden Wirtschafts- und Handlungskolonien als Rohstofflieferanten und Käufer von Fertigwaren sowie Siedlungskolonien zur Aufnahme des Bevölkerungsüberschusses der »Mutterländer«" (Hirschberg: 211).

Historischer Überblick der Ausbreitungsabsichten einiger Großmächte:

Am Ende des 16. Jahrhunderts begann für Frankreich die Zeit des Kolonialismus in Amerika und besetzte in Nordamerika das heutige Kanada, einige karibische Inseln und das östliche Zentralgebiet der USA. Am Ende des „Siebenjährigen Krieges" musste Frankreich (durch den Pariser Frieden) den größten Teil seiner amerikanischen Besitzungen an britische Regierung abgeben.

Ab 1830 mit der Besetzung Algiers konzentrierte sich Frankreich auf den größten Teil Zentral- und Westafrikas und eroberte zwischen 1845 und 1897 die gesamte Sahara. (Kinder: 107) Die vielen Kolonialgebiete der Franzosen in Afrika waren Französisch – Westafrika (1895-1960), Ägypten (1798-1801), Französisch – Nordafrika (1830-1960), Französisch – Äquatorialafrika (1910-1958), Französisch – Somalialand (1862-1977), Kamerun (1919-1960), und Togo (1919-1969). Im 19. Jahrhundert wurde Frankreich zur zweitgrößten Kolonialmacht der Welt und musste durch eine optimale Verwaltungsstruktur in den besetzten Gebieten ihre Kolonialpolitik organisieren, damit ihre definierten Ziele erreicht werden konnten. (Crowder: 1968) Nach Murray (1981: 56) behielten die Afrikaner – selbst auf den Höhepunkt der Kolonialherrschaft – ihre Religion, ihre eigenen sozialen Organisationsformen und ihre Wertvorstellungen bei.

Definition:

„Verwaltung, [...] im materiellen Sinne, Funktionen der Staatsgewalt, die unmittelbar u. im einzelnen auf die Aufrechterhaltung oder Abänderung von bestimmten Lebensverhältnissen gerichtete Staatstätigkeit, die von den anderen „Gewalten" gesetzte Zwecke relativ selbstständig gestaltend oder vollziehend ausführt" (Bertelsmann: 307).

Strategien der Verwaltung nach Spittler (1981: 21 – 24):

In Bauernstaaten lassen sich drei Arten von Verwaltung unterscheiden:

(1) *Willkürliche Verwaltung:* Mitglieder des Verwaltungsstabes sind ständig unterwegs und entscheiden vor Ort im Sinne der Herrschaft. Willkürliche Herrschaft ist in Bauernstaaten weit verbreitet.

(2) *Bürokratische Verwaltung:* Abstrakte Regeln, die wiederum auf einem abstrakten Wissen über die Gesellschaft beruhen. Die Bürokratie setzt fest. Die Bürokratie organisiert den geregelten Ablauf immer wiederkehrender Abläufe und versucht dadurch die allgemeinen Aufgaben des Staates zu erfüllen (z.B. Steuern, innere Sicherheit, soziale Grundsicherung).

(3) *Intermediäre Verwaltung:* Für eine Bevölkerungsgruppe wird eine allgemeine Abgabenquote (Tribut) bestimmt und an einen Mittelsmann übergeben. Der Mittelsmann ist alleiniger Herrscher und für die Ablieferung des Tributs an die Verwaltungsspitze verantwortlich. Nicht die schriftliche Fixierung ist wichtig, sondern die mündliche Kommunikation ist für die intermediäre Verwaltung kennzeichnend. Ihre Verwaltungsmittel und ihr persönliches Einkommen richten sich nach den örtlichen Bedingungen. Sie entspricht den strukturellen Bedingungen von Bauerngesellschaften und wird deshalb einer Bürokratie eher bevorzugt.

Folgen französischer Verwaltungsstrukturen:

Französisch – Westafrika: Bis zu neun Territorien gehörten zu diesen Gebieten Obersenegal, Niger, Senegal, Mauretanien, Französisch – Sudan, Guinea und die Elfenbeinküste. Obersenegal/ Niger wurde 1911 ein eigener Militärdistrikt. Es wurden ober- und unterirdische Kernwaffentests in der algerischen Sahara durchgeführt und die Landwirtschaft leidet noch heute unter den Folgen der Atomtests. Der französische Staat hat durch gezielte Verwaltungsstrukturen – auch unter Einsatz militärischer Strategien – nicht nur in Afrika, sondern auch in Nordamerika und in Asien intensiv Kolonialpolitik betrieben.

Nach 1945 bis 1950 beschleunigte sich der Auflösungsprozess des französischen Kolonialreiches. Im Jahr 1960 wurden 14 französische Kolonien unabhängig. Zu den Entwicklungsländern Afrikas zählen noch viele ehemalige französische Kolonien.

Nach Kinder (1966: 109) wurde 1882 der Kolonialverein und 1884 wurde durch Carl Peters (1856 – 1918) die Gesellschaft für deutsche Kolonisation gegründet. Die Kolonialpolitik Bismarcks (1871 – 1890) und die Aktivitäten von Carl Peters hatten die deutsche Weltpolitik entscheidend mitgestaltet.

Nach Kinder (1966: 103) veränderte das britische Kolonialreich seine Ausbreitungspolitik seit dem Sklavenhandelsverbot. Das Interesse an afrikanischen Kolonialgebieten (Goldküste, Gambia) wurde stark reduziert und es wurde sogar um 1865 eine neue Ausbreitungsstrategie entwickelt, die neue Absatzmärkte und Industriestandorte in Südamerika, China und Indien sichern sollten. Die neu besetzten Gebiete dienten zur Sicherung der Seehandelswege und beinhalteten eine strategische Machtausbreitung der geplanten britischen Kolonialpolitik. Nach Kinder (1966: 117) ist das Ende des Binnenimperialismus in den USA ein Neubeginn für die Weltpolitik und Kolonialpolitik der USA (Hawaii 1998; Guam 1898; Tutuila 1900; Alaska 1867).

Die Ethnologie kann Visionen in den ehemaligen besetzten Ländern mit den unterschiedlichen ethnischen Gruppen gemeinsam formulieren bzw. entwickeln, um mit gegenseitigem Respekt die religiösen Unterschiede zu würdigen. Dadurch könnten langfristig Konfliktpotenziale reduziert werden. Eine

Philosophie der konstruktiven, toleranten und respektvollen Begegnung kann der Weg einer zielorientierten Konfliktvermeidung sein.

Die Aufklärung und bürgerliches Zeitalter
„Prägend für die Aufklärung war unter anderem die Abwehr vom zirkulären Geschichtsverständnis des Mittelalters. Mit dem neuen Fortschrittsglauben hielten insbesondere im 18. Jahrhundert auch neue Vorstellungen über die Konstitution von Gesellschaft Einzug in das Denken: Die göttliche Legitimation absolutistischer Herrschaftsmodelle mit Ewigkeitswert wurde mit dem zunehmend vernunftbasierten Denken der Zeit in Zweifel gestellt. Damit einher ging die Anerkennung des Individuums als ein mit eigenem Willen ausgestattetes und nach den Parametern der Vernunft handelndes Wesen, das über ein Recht auf freies Denken und gesellschaftliche Teilhabe verfügt. An die Stelle der Wahrnehmung der Gesellschaft als namenlose Masse rückte ein individualistisches Konzept vom Menschen, und erstmals – sieht man von einigen seltsamen Ausnahmen einmal ab – bezogen Frauen außerhalb des häuslichem Universums dezidiert Position zu gesellschaftlichen Fragen und forderten ihre Rechte ein. Seinen Höhepunkt erreichte das aufklärerische Denken in den bürgerlichen Revolutionen in Frankreich und Amerika, die in die Etablierung der bürgerlichen Gesellschaft im „langen" 19. Jahrhundert münden sollten. Ausdruck der durch die Industrialisierung befeuerten Fortschrittsbegeisterung waren vor allem Positivismus und Materialismus, ihren kritischen Widerpart bildete unter anderem die Lebensphilosophie" (Grupen 1971: 81).

Philosophen der Aufklärung als Wegbereiter der Anthropologie

Voltaire (1694-1778) ist der Herold der Aufklärung. Er bekämpfte zeitlebens die Gegner der Aufklärung. Die klerikalen Kreise waren primär seine Gegner. Die Franzosen bezeichnen geisteswissenschaftlich das 18. Jahrhundert als das Jahrhundert Voltaires. Durch starke Impulse auf den Menschengeist bereitete er die Freiheit für den Menschen vor. Seine kritischen Texte gingen den Herrschenden zu weit und er viel dadurch oft in Ungnade. Sein Lieblingsgegner war die Kirche. Den Herrschenden stand er jedoch nicht immer kritisch gegenüber. „Zermalmt das Niederträchtige" war sein Schlachtruf. Er bekämpfte Justizskandale und erzielte oft verspätete Ehrenrettung der Opfer und Schadenersatz für deren Familien. (Grupen 1971: 82)

Jean-Jacques Rousseau (1712-1778) gilt neben Voltaire als einer der wichtigsten philosophischen Wegbereiter der „Französischen Revolution", wenn gleich beide die Revolution von 1789 nicht mehr erlebten. (Grupen 1971: 84) Eines seiner Hauptwerke ist der „Gesellschaftsvertrag" von 1762. Der Gesellschaftsvertrag beginnt mit den Worten: „Der Mensch ist frei geboren und liegt doch überall in Ketten". In dem Diskurs über die Ungleichheit schreibt er: „Der erste, der ein Stück Land einzäunte, sich in den Sinn kommen ließ, zu sagen: dieses ist meins, und einfältige Leute antraf, die es ihm glaubten, der war der wahre Stifter der bürgerlichen Gesellschaft" (Grupen 1971:85).

„Mit dem Entwurf seines Staatskonzepts hatte er eher kleine, noch „junge" Staaten im Sinn. Der immer wieder beklagten mangelnden praktischen Umsetzbarkeit seines Staatskonzepts zutrotz hatte Rousseau eine immense Wirkung auf das Europa des späten 18. Jahrhunderts. Mit seinem leidenschaftlichen Eintreten für die Freiheit des Einzelnen, seiner vehementen Sozialkritik und seinem Plädoyer für die Legitimität von natürlichen Instinkten inspirierte er nicht nur die Französische Revolution, sondern auch den beginnenden bürgerlichen Widerstand, der neben dem Impuls der Aufklärung auch das Feuer des „Sturm und Drang" brachte" (Grupen 1971: 85).

Immanuel Kant (1724-1804) lebte in Königsberg, weitab von den Schauplätzen der neuzeitlichen Philosophie. Er widersprach der christlichen Philosophie des Mittelalters und beendete die willkürlichen Spekulationen über Gott, zeigte aber Verständnis für solche „Irrwege". (Grupen 1971: 88)

„Die Vernunft werde von einer hartnäckigen Neugier geplagt, die sich gerade auf das richte, wovon sie am wenigsten wissen könne: die Natur Gottes, die Freiheit des Willens und die Unsterblichkeit der Seele. […]. Im Zuge seiner radikalen Kritik hat Kant die gesamte Philosophie neu geordnet und vier grundsätzliche Fragen formuliert, die er den Teilgebieten der Philosophie als Überschriften zuordnet. Die vier Fragen lauten „Was kann ich wissen?", „Was soll ich tun?", „Was darf ich hoffen?", „Was ist der Mensch?" Sie werden von Erkenntnistheorie, Ethik, Religionslehre und Anthropologie beantwortet. Kants besondere Aufmerksamkeit galt den ersten beiden Fragen, mit denen er sich in der „Kritik der reinen Vernunft" und der „Kritik der praktischen Vernunft" beschäftigt" (Grupen 1971: 88).

Johann Gottfried Herder (1744-1803) war von der Welt der Sprachen und Kulturen begeistert.

Das Vorstellungsvermögen sowie das Denken eines Menschen wird immer von der Muttersprache geprägt. Unser Denken werde schon dadurch gesteuert, dass wir überhaupt eine Sprache erlernen müssen. Herder studierte in seiner Jugend bei Immanuel Kant, den er durchaus als seinen Lehrer bewunderte, obwohl Kant die sprachlichen Aspekte in seinen Überlegungen vernachlässigte. Im Winter 1770/ 71 verweilte Herder in Straßburg und begegnete dort zufällig den jungen Jurastudenten Jo-

hann Wolfgang von Goethe. Goethe begann, angeregt durch diese Begegnung, Volkslieder zu sammeln und Griechisch zu lernen. Goethe war von Herder beeindruckt und 1776 sorgte er dafür, dass Herder eine Stelle als kirchlicher Generalsuperintendant in Weimar bekam. (Grupen 1971: 91)
„Zum einen war er fest davon überzeugt, dass die Welt von Gott gelenkt und jegliche Entwicklung letztendlich zum Guten strebt. Humanität war für ihn fraglos der höchste Wert. Zum anderen stieß ihn die „Verkopftheit" der Aufklärer ab. In seinen späteren Jahren nannte er Kants „Kritik der reinen Vernunft" gar eine „öde Wüste voller anmaßender Hirngeburten". Seiner Meinung nach sind Vernunft und menschliche Emotionen untrennbar miteinander verknüpft und die Emotionen damit Teil des Denkens und der Erkenntnis" (Grupen 1971: 91).

Theorien - Begründer der französischen und deutschen Anthropologie/ Ethnologie
Emile Durkheim (1858-1917) war als Philosoph der Begründer der französischen Anthropologie bzw. Ethnologie. Ab 1896 bis 1902 hatte er einen Lehrstuhl in Paris für Philosophie und Soziologie. Nach Hahn (2013: 129) kann die Vorgehensweise von Durkheim als „Sozialphysik" bezeichnet werden, denn nach Durkheim gibt es gesetzmäßige Zusammenhänge in jeder Gesellschaft, die ein soziales Gewebe darstellen, welche auch aus statistischen Untersuchungen entnommen werden können.
In diesem Zusammenhang muss auch Arnold van Gennep (1873-1957) genannt werden, der in Würtemberg geboren wurde und noch als Kind nach Paris kam. Als Zeitgenosse Durkheims studierte er Ägyptologie, Arabistik, Religionswissenschaft und hatte eine Professur für Ethnologie von 1912-1914 in der Schweiz. Sein Hauptwerk Les rites de passage (Übergangsriten) wurde 1909 veröffentlicht. Durkheim und Gennep

können als „Lehnstuhlethnologen" bezeichnet werden. (Hahn 2013: 134)

Weiterhin ist Marcel Mauss (1872-1950), der nicht nur Durkheims Schüler war, sondern auch sein Neffe, eine wichtige Persönlichkeit in der französischen Ethnologie, denn er veröffentlichte im Jahr 1925 seine wichtigste Arbeit „Essai sur le don" (Die Gabe). Als Lehnstuhlethnologe bezieht er sein ethnografisches Wissen aus der Literatur und aus Reiseberichten. In dieser Arbeitsweise bestand ein wesentlicher Unterschied zu anderen Ethnologen seiner Zeit (Frobenius, Malinowski, Boas), die die Feldforschung als Grundlage der Ethnologie bezeichneten. (Hahn 2013: 137-138)

Der Philosoph und Ethnologe Claude Lévi-Strauss (1908-2009) gilt als Begründer des Strukturalismus. Mit dem Buch „Die elementaren Strukturen der Verwandtschaft", welches 1949 veröffentlicht wurde, hat er die Denkrichtung des Strukturalismus beschrieben. Mit dem autobiografischen Reisebericht „Traurige Tropen" von 1955 wurde er endgültig berühmt. Claude Lévi-Strauss studierte in Paris, arbeitete als Lehrer in Südfrankreich, ging 1935 nach Brasilien, um von 1935 bis 1938 Soziologie an der Universität von São Paulo zu lehren. (Hahm 2013: 141)

Adolf Bastian wurde 1826 in Bremen geboren und verstarb 1905 in Port of Spain. Zunächst studierte er Jura, wechselte aber dann zu Naturwissenschaften und schließlich danach zur Medizin. Nach Abschluss seines Medizinstudiums arbeitete er als Schiffsarzt, unternahm mehrere Weltreisen und erforschte dabei mehrere Kulturen. Er sammelte umfangreiche ethnographische Daten, versuchte allgemeingültige Gesetze abzuleiten, um dann von diesen rückwirkend auf das Individuum schließen zu können. Einerseits wird er als Begründer der deutschen Ethnologie angesehen, andererseits werden seine Arbeiten als verwirrend und wenig wissenschaftlich kritisiert. Er gründete das erste deutsche Museum für Völkerkunde in Berlin. Er suchte nach Übereinstimmungen der Vorstellungen, die sich in verschiedenen Gebieten ähnelten, aber lokal verschieden sind. Die menschlichen Universalien versuchte er herauszuarbeiten. Seine definierten „Kulturblüten" (Völkergedanken) haben sich seiner Ansicht nach aus den Elementargedanken entwickelt. Der Prozess wird durch geographisch-historische Reize geformt.In Anlehnung an die Naturwissenschaften differenziert er in Konvergenzen und Oekotypen und betrachtete die Kulturphänomene als Gedanken des sozialen Menschen. Konvergenzen sind voneinander verschiedene Phänomene, die durch eine gleiche Umwelt analog zueinander ausgeformt werden. Oekotypen sind gleichartige Phänomene, die durch Wanderungen in verschiedene Gesellschaften gelangen, sich unter ihrem Einfluss zu verschiedenen Typen unterscheiden können. Bastian trat mit seiner Entwicklungstheorie für das Naturrecht-Denken an, da Naturvölker keine Abart des Menschen sind, sondern lediglich auf einer unteren Entwicklungsstufe stehen. Bastian untersuchte lokale Einflüsse und Übertragungsvorgänge sowie macht historische Bewegungen zum Mittelpunkt seiner Theorie.

Leo Frobenius (1873-1938) absolvierte eine Kaufmannslehre in Bremen und zählt als Begründer der Kulturkreislehre. Er hatte keinen Universitätsabschluss, kein Abitur aber veröffentlichte 1898 dennoch sein erstes wissenschaftliches Werk über den „Ursprung der afrikanischen Kulturen". In Anlehnung an Ratzel beschäftigt sich die Kulturkreislehre mit der „Migrationstheorie" und der geographischen Umwelt als determinierender Faktor. Für Frobenius zählen nicht nur einzelne Kulturelemente, sondern die Kulturen als Ganzes gehören zusammen. Der Kulturvergleich ist mit der Selektion und Bündelung verbreitungsgleicher Kulturerscheinungen verbunden. Die

Aufgabe der Kulturmorphologie besteht darin, die äußere morphologische Gestaltung der Kulturen zu beschreiben, ihre innere Gliederung aufzuzeigen, sowie die Abhängigkeiten der einzelnen Formen hervorzuheben.

Theorien der Anthropologie und Ethnologie in Europa:
Die Evolutionisten – Tylor, Spencer, Frazer, Morgen – hatten als Lehnstuhlethnologen die humanistische Sichtweise des Kulturbegriffes abgelehnt und eine lineare Entwicklung vertreten, die sie wissenschaftlich mit einer biologischen Betrachtungsweise begründeten. Die „Europäische Kultur", die den europäischen Idealismus machtvoll darstellen wollte, nahm in der Stufenentwicklung des evolutionistischen Ansatzes die höchste Kultur ein. Diese Sichtweise im 19. und am Anfang des 20. Jahrhunderts war essentialistisch – ohne Beteiligung der Menschen -, es wurden nur Teilbereiche – Wissen, Glauben, Kunst, Recht, Moral, Traditionen – aufgezählt und die anderen Kulturen wurden abgewertet. (Hahn 2013: 21 – 22)
Der Funktionalismus betrachtete die Gesellschaft als funktionierende Arbeitsteilung. Durch die „Teilnehmende Beobachtung", die durch Malinowski eingeführt wurde, kam es zu einer kritischen Auseinandersetzung mit den Lehnstuhlethnologen. Im Funktionalismus handelte der Einzelne nach allgemeinen Gesetzen und konnte nicht mitgestalten. (Hahn 2013: 114)

Die Vertreter des Diffusionismus – Bastian, Frobenius, Graebner, Schmidt – hatten den Kulturbegriff mit der „Kulturhistorischen Methode" im 19. Jahrhundert bis ca. 1945 begründet. Auch sie betrachteten Anleihen aus der Biologie – Lebensphasen sind Organismen -, „Leben der Kulturen" - ohne Mitgestaltung der Menschen -, Kulturen wandern – Völkerwanderung, Handel, Krieg – und es gibt nur wenige Herkunftsorte der kulturellen Phänomene. Sie bildeten Kulturkreise, die keine geographische Nähe zueinander hatten. Jede Kultur wurde dennoch als einmalig betrachtet und sollte durch die Hermeneutik verstanden werden. In diesem Kulturbegriff wurden keine Innovationen berücksichtigt, die Vorgehensweise war sehr spekulativ und essentialistisch. (Hahn 2013: 23 – 26)

Die ethnologische Theorie im Spannungsfeld zur Kulturwissenschaft:

Die großartigen Leistungen der Menschen in einer Gesellschaft bestehen darin, dass sie einen Kulturbetrieb entwickeln sollten, der durch Kreativität bzw. künstlichere Arbeit gekennzeichnet sein sollte. Weiterhin sollte sich durch humanistische Bildung, Manieren, Geschmack, schöngeistige Interessen und eine angemessenen Körperpflege eine Kultiviertheit entwickeln, die man auch mit Sensibilität, Toleranz und Humanismus bezeichnen könnte. Die technischen Hilfsmittel einer Zivilisation reichen nicht aus, um von Kultiviertheit zu sprechen, sondern es muss eine besondere geistige Einstellung und entsprechende kognitive Fähigkeiten hinzukommen. (Hansen 2011: 9) Nach Hansen (2011: 13) ist im Kulturbegriff zu berücksichtigen, dass die Veränderung der Natur möglich ist, wenn sie durch menschliche Tätigkeiten beeinflusst wird. Die Natur verliert dann ihre natürliche Ordnung und muss durch eine vom Menschen geschaffene Ersatzordnung ersetzt werden. Durch die Beeinflussung der Menschen entstehen bei verschiedenen Völkern unterschiedliche Ersatzordnungen. Dadurch können sich meines Erachtens in der globalisierten Welt neue Herausforderungen im Zusammenleben multikultureller Gesellschaften entwickeln und durch die Akzeptanz der Andersartigkeit auch Chancen für die Zukunft darstellen.

Nach Hansen (2011: 224) sind die Hauptkriterien im Kulturbegriff bei Geertz und Tylor inhaltlich vergleichbar, denn beide sprechen von sozialen Gewohnheiten und Geertz spricht sogar von „selbstgesponnenes Bedeutungsgewebe". Die Funktion als Bedeutungsträger sind kollektive Gewohnheiten, die durch die einzelnen Maschen des Gewebes dargestellt werden können. Auch Herder benutzte die Grundlagen einer Denkfigur und wurde somit zum Vorläufer eines Idealismus, denn er sprach von der Vielfalt der Völker - „völkisches Wesen" oder „Volksgeist" - und von allen Möglichkeiten des menschlichen Daseins. Herders Kulturrelativismus fand in dieser Betrachtungsweise seine Wurzeln. Diese Sichtweise war für das 18. Jahrhundert revolutionär. (Hansen 2011: 227)

„Während Harris zumindest noch einräumt, daß Kultur und Umwelt aufeinander einwirken, vertreten die sogenannten Systemökologen in dieser Frage einen entschieden deterministischen Standpunkt. Kulturwandel erscheint bei ihnen als eine fortwährende Adaptationsleistung einzelner menschlicher Gesellschaften an die Bedingungen ihrer natürlichen Umwelt" (Kohl 2012: 162).

Nach Hahn (2013: 38) machen die Menschen die Kultur und es werden Bedeutungen in das gesellschaftliche Zusammenleben hineingelegt. Durch diese neue Sicht werden Veränderungen genauer differenziert und es werden bessere Erklärungen im Prozess der kulturellen Aushandlung gefunden. In der Ethnologie liegt der Fokus im Kulturwandel und der Blick auf die Akteure ist ein zentraler Aspekt in der ethnologischen Forschungsentwicklung. „Zugleich wird das Verstehen von Kultur als Komplex von Werten und Symbolen zum wichtigsten Ziel ethnologischer Untersuchung. Das ist der Ansatz eines der wichtigsten Ethnologen der Gegenwart, Clifford Geertz (1926 – 2006), wie er in seinem wegweisenden Aufsatz *Dichte Beschreibung* (1983) dargelegt hat" (Hahn 2013: 33).

Zusammenfassung wichtiger Kernaussagen

In unserer multikulturellen Gesellschaft wird eine positive Neugierde für andere Kulturen immer wichtiger, denn nur durch gegenseitiges Verständnis und gegenseitigem Respekt können mögliche soziale Konflikte durch das Zusammenleben unterschiedlicher Ethnien gemeinsam und nachhaltig gelöst werden.

Gegenwärtig sind nur wenige Mitgliedsstaaten der EU dazu bereit. Frankreich und Deutschland gestalten derzeit eine gemeinsame positive und humanitäre Aufnahme der Flüchtlinge.

Es wird zu wenig nach Gemeinsamkeiten gesucht und die Andersartigkeit wird leider zu wenig als positive Entwicklung in der Vielfältigkeit wahrgenommen.

„Obgleich die französische Ethnologie weiterhin unter dem beherrschenden Einfluß von Claude Lévi-Strauss stand, gelang es Maurice Godelier (1973), Claude Meillassoux (1976) und anderen Ethnologen ihrer Generation, eigenständige Positionen zu entwickeln, indem sie die Ansätze des historischen Materialismus für die Ethnologie fruchtbar zu machen versuchten. Auch in der niederländischen und in der deutschsprachigen Ethnologie spielten neomarxistische Ansätze in den sechziger und siebziger Jahren eine wichtige Rolle" (Kohl 2012: 165).

Der Kolonialismus –„mit der unsozialen und ausbeuterischen Zielsetzung der Großmächte" – hat meines Erachtens noch heute negative Auswirkungen auf die innenpolitischen und gesellschaftlichen Strukturen der ehemaligen besetzten Gebiete.

Die Geschichte dokumentiert, dass der französische Staat durch gezielte Verwaltungsstrukturen – auch unter Einsatz militärischer Strategien – nicht nur in Afrika, sondern auch in Nordamerika und in Asien intensiv Kolonialpolitik betrieben hatte. Im 19. Jahrhundert wurde Frankreich zur zweitgrößten Kolonialmacht der Welt. Zu den Entwicklungsländern Afrikas zählen noch viele ehemalige französische Kolonien.

Nach 1945 bis 1950 beschleunigte sich der Auflösungsprozess des französischen Kolonialreiches. Im Jahr 1960 wurden 14 französische Kolonien unabhängig.

Nach Kinder (1966: 109) wurde 1882 der Kolonialverein und 1884 wurde durch Carl Peters (1856 – 1918) die Gesellschaft für deutsche Kolonisation gegründet. Die Kolonialpolitik Bismarcks (1871 – 1890) und die Aktivitäten von Carl Peters hatten die deutsche Weltpolitik entscheidend mitgestaltet.

Die großartigen Leistungen der Menschen in einer Gesellschaft bestehen darin, dass sie einen Kulturbetrieb entwickeln sollten, der durch Kreativität bzw. künstlichere Arbeit gekennzeichnet sein sollte. Weiterhin sollte sich durch humanistische Bildung, Manieren, Geschmack, schöngeistige Interessen und eine angemessenen Körperpflege eine Kultiviertheit entwickeln, die man auch mit Sensibilität, Toleranz und Humanismus bezeichnen könnte. Die technischen Hilfsmittel einer Zivilisation reichen nicht aus, um von Kultiviertheit zu sprechen, sondern es muss eine besondere geistige Einstellung und entsprechende kognitive Fähigkeiten hinzukommen. (Hansen 2011: 9)

Ausblick

Die Ethnologie kann Visionen in den ehemaligen besetzten Ländern mit den unterschiedlichen ethnischen Gruppen gemeinsam formulieren bzw. entwickeln, um mit gegenseitigem Respekt die religiösen Unterschiede zu würdigen. Dadurch könnten langfristig Konfliktpotenziale reduziert werden. Eine Philosophie der konstruktiven, toleranten und respektvollen Begegnung kann der Weg einer zielorientierten Konfliktvermeidung sein.

Der 2. Versuch einer eigenen Definition zum Kulturbegriff:

Kultur entsteht durch das Zusammenleben unterschiedlicher sozialer Gruppen in einer Gesellschaft, die durch Erfahrungen und Erkenntnisse in der Vergangenheit gegenwärtige Zielsetzungen formuliert und durch nachhaltige positive Prozesse eine Basis für die zukünftige Sozialisation ermöglicht. (Hubl 2015)

Literaturverzeichnis
Crowder, Michael (1968): *West Africa under Colonial Rule.* London: Hutchinson.
Durkheim, Emile (1981): *Die elementaren Formen des religiösen Lebens.* Frankfurt: Suhrkamp. (Originalausgabe 1912: Paris: Alcan.)
Durkheim, Emile (1988): *Über die soziale Arbeitsteilung. Studie über die Organisationsformen höherer Gesellschaften.* Frankfurt: Suhrkamp. (Originalausgabe 1893: Paris: Alcan.)
Gennep, Arnold van (1986): *Übergangsriten.* Frankfurt: Campus. (Originalausgabe 1909: Paris: Nourry.)
Grupen, Cornelius u. a. (hg. 1971): *Die goßen Philosophen.* Köln: Komet.
Hahn, Hans Peter (2013): *Ethnologie - Eine Einführung.* Berlin: Suhrkamp.
Hansen, Klaus P. (2011): *Kultur und Kulturwissenschaft.* Tübingen und Basel: A. Francke.
Harris, Marvin (1989): *Kulturanthropologie. Ein Lehrbuch, Frankfurt a.M.* New York: Campus (engl. Orig.: 1977).
Hirschberg, Walter u. a. (hg. 2005): *Wörterbuch der Völkerkunde.* Berlin: Reimer.
Kinder, Hermann & Werner Hilgemann (hg. 1972): *dtv-Atlas zu Weltgeschichte. Karten und Chronologischer Abriss. Von der Französischen Revolution bis zur Gegenwart.* München: Deutscher Taschenbuchverlag.
Kohl, Karl-Heinz (2012): *Ethnologie die Wissenschaft vom kulturellen Fremden. Eine Einführung.* München: C. H. Beck.
Kroeber, Alfred & Clyde Kluckhohn (1952): *Culture: Acritical review of Concepts and Definitions, Harvard: Papers of the Peabody Museum of American Archaeology and Ethnology,* vol. 47: Harvard University Press.
Lévi-Strauss, Claude (1981): *Die elementaren Strukturen der*

Verwandtschaft. Frankfurt: Suhrkamp. (Originalausgabe 1949: Paris: Presses Universitaires de France.)

Mauss, Marcel (1968): *Die Gabe: Form und Funktion des Austauschs in archaischen Gesellschaften.* Frankfurt: Suhrkamp. (Originalausgabe 1925.)

Moosmüller, Alois (2011): *„Interkulturelle Kommunikation aus ethnologischer Sicht".* In: Barmeyer, Christoph et al. (Hg.): *Interkulturelle Kommunikation und Grundbegriffe, Wissenschaftsdisziplinen, Kulturräume.* Passau: Karl Stutz.

Murray, Jocelyn (1981): *Weltatlas der alten Kulturen Afrika.* München: Christian.

Reckwitz, Andreas (2000): *Die Transformation der Kulturtheorien: Zur Entwicklung eines Theorieprogrammes.* Weilerswist.

Rudolph, Wolfgang (1968): *Der Kulturelle Relativismus. Kritische Analyse einer Grundsatzfragen-Diskussion in der amerikanischen Ethnologie.* Berlin: Duncker und Humblot.

Spittler, Gerd (1981): *Verwaltung in einem afrikanischen Bauernstaat. Das koloniale Französisch – Westafrika 1919 – 1989.* Wiesbaden: Franz Steiner.

2. Kapitel
Darstellung verschiedener Aspekte in der Radikalisierung islamischer Strömungen

Einleitung
Allgemeines

In der Einleitung möchte ich einen historischen qualitativen Überblick der sieben Kreuzzüge im Mittelalter von 1096 bis 1270 darstellen, denn ich bin der Ansicht, dass mögliche historische Aspekte für die Radikalisierung religiöser Strömungen ursächlich verantwortlich sein können.

Das Papsttum und das Imperium kämpften gemeinsam gegen die sogenannte türkische Bedrohung des Abendlandes. Papst Urban II. rief 1095 zum 1. Kreuzzug gegen die Türken auf, denn er sah durch die Ausbreitung des türkischen Fürstentums - große Teile Persiens und Arabiens sollten dem Reich hinzugefügt werden – eine Bedrohung des christlichen Vorderasiens und des Heiligen Landes. Die Auswirkungen der Kreuzzüge waren – über die religiösen und politischen Schranken hinweg – wirtschaftlich sehr erfolgreich, denn es entwickelte sich ein verstärkter Handel mit dem Osten. Alle sieben Kreuzzüge wurden von allen Seiten brutal durchgeführt. Papst Urban II. begründet den Kreuzzug durch die Gräueltaten an Christen in Jerusalem. Der Papst schickt Prediger durch ganz Europa, denn die Heilige Stadt muss verteidigt werden. Alle Sünden der Krieger sollen durch den Tod im Kreuzzug vergeben werden. Die Folgen der Kreuzzüge sind deutlich zu erkennen. Der Islam dringt weiter nach Westen vor. Trotz des Krieges wächst der Warenaustausch mit dem Orient und der Reichtum italienischer Handelsstädte wird vermehrt. Insgesamt kann festgestellt werden, dass die Bilanz der Kreuzzüge negativ war. Die Verhältnisse zwischen Muslimen und Christen gingen während der Kreuzzüge weit auseinander. Viele Menschen - Christen und

Muslime – kamen durch die Kreuzzüge   ums   leben. (www.abipur.de/referate/stat/645547756.html)

Durch diese Erinnerung historischer Fakten wollte ich eine mögliche Ursache der heutigen Radikalisierung islamischer Strömungen darstellen.
Nach Lohlker (2017: 7) gibt es unter Beachtung historischer Erscheinungen und den zeitgenössischen Vorgängen keine modernen Strömungen. Die Gewalttaten und Terroranschläge in Berlin, Paris, Brüssel, Istanbul, im Irak, in Jakarta, Orlando, aber auch in Beirut und an vielen anderen Orten lassen nach der „Gedankenwelt der Täter" fragen. In den Antworten kommt immer wieder auch der Salafismus zur Sprache.
Der Salafismus als fundamentalistische Strömung will sich gezielt von der Mehrheitsgesellschaft isolieren und stellt dadurch auch ein „Integrationshindernis" dar. In der Präventionsarbeit sollte eine deutliche Trennung beider Phänomene (Salafismus und Dschihadismus) erfolgen, da für jede Strömung eine andere Strategie entwickelt werden muss, um angemessen reagieren zu können. (HSFK-Report Nr. 5: 2016: 2-3)
Nach HSFK-Report Nr. 5 (2016: 1-3) haben auch Frauen einen numerischen Anteil und können auch eine entsprechende Rolle spielen (eine der wenigen fundierten Studien Saltman/ Smith 2015), jedoch werden der Dschihadismus als auch der Salafismus als männliches Phänomen betrachtet (siehe dazu Lohlker 2016a mit weiterer Forschungsliteratur). Somit ist eine praktische und theoretische Dominanz von Männern nicht zu übersehen.
Das Internet mit den unterschiedlichen Plattformen beschleunigt den kommunikativen Globalisierungsprozess und soll dadurch eine zu enge lokale Einbettung in der Entwicklung der Zielsetzung verhindern. Das dschihadistische und salafistische

Selbstverständnis ist transnational determiniert. (HSFK-Report Nr.5: 1)

Erläuterungen und Begriffe
Wenn wir von Salafismus und Dschihadismus sprechen, ist es wichtig, die Begrifflichkeiten zu klären, mögliche Überschneidungen und Gemeinsamkeiten offen zu legen und auch Formen des Jihad aufzuzeigen.
Das „Quietistische Denken" (absolute Treue gegenüber den Herrschenden) lässt sich möglicherweise eher in bereits Wahhabistisch geprägten Ländern wiederfinden, in denen das Leben nach den Gesetzen der Altvorderen, der Salaf schon gut möglich ist.
Aktivisten betreiben klassischerweise Missionsarbeit, laden ein, führen Gespräche, predigen, weisen möglicherweise Muslime zurecht und verteilen Schriften.
Die Aktivisten setzen auf eine friedvolle Agitation. (Neumann 2016: 140)
Erfahrungen zeigen uns, dass die Grenzen zwischen den Blöcken fließend sein können und sich durchaus aus quietistischen oder aktivistischen Salafisten Jihadisten entwickeln können bzw. angeworben werden.
„Wahhabismus bezeichnet die dominante religiöse Strömung, die sich in Saudi-Arabien entwickelt hat, aber seit längerer Zeit weltweit ausgreift" (Lohlker 2017: 11).
„Salafismus bezeichnet eine breite religiöse Strömung mit unterschiedlichen Formen, die sich zum Teil saudischen Wahhabismus abgrenzen, zum großen Teil aber innig mit Saudi-Arabien verbunden sind – und sei es nur finanziell.[...]. Zumeist distanziert sich der Salafismus von Gewalt nicht mit klaren theologischen Gründen, zum Teil lehnt er sie nur aus taktischer Opportunität ab. Inzwischen gibt es Belege dafür, dass

der Salafismus auch als eine Art Durchlauferhitzer zum Dschihadismus dienen kann" (Lohlker 2017: 11).

„Dschihadismus in seiner transnationalen Form – das heißt ohne Bezug auf ein bestimmtes Territorium, für das gekämpft werden soll – ist eine vielgestaltige Subkultur in etlichen Ländern, die vor allem durch die Ausübung von Gewalt bestimmt ist" (Lohlker 2017: 11).
Jihad, ursprünglich mal rein als „Heiliger Krieg" übersetzt, ist eine kollektive Verpflichtung der Muslime sich für den Glauben mit Herz, Zunge oder Schwert einzusetzen, wovon das Herz das wichtigste ist. (Ruthven 2000: 158)

Historische Gemeinsamkeit des Denkens, Irritationen und Ordnungsversuche
Nach Neumann (2016: 49-50) sind die historischen Wurzel des Islam über 1400 Jahre alt. Was heute mit Islamismus bezeichnet wird, wird nach Meinung vieler Historiker aus der Begegnung des Islams mit der westlichen Moderne begründet. Die Kolonialzeit war demnach, besonders in der arabischen Welt, für viele Muslime eine demütigende Erfahrung. Die jahrhundertalten sozialen und kulturellen Normen wurden vielerorts, durch die Kolonialherrschaft des Westens, der seine imperialen Interessen durchsetzte, beseitigt bzw. unterdrückt. Dadurch haben die Muslime seit dem 17. Jahrhundert ihre Identität verloren bzw. unterdrückt. Der erste Versuch die eigene Identität wiederzuentdecken entstand in der zweiten Hälfte des 19. Jahrhunderts. In Teilen der mehrheitlich muslimischen Welt entwickelten sich religiös-fundamentalistische Bewegungen, die sich vor allem an den Texten des Islams orientierten.
Der Kolonialismus –„mit der unsozialen und ausbeuterischen Zielsetzung der Großmächte" – hat meines Erachtens noch heute negative Auswirkungen auf die innenpolitischen und ge-

sellschaftlichen Strukturen der ehemaligen besetzten Gebiete. Auch durch die Bekehrungsabsichten der christlichen Weltreligionen, die zwanghaft und kurzfristig ihre Religionsinhalte vermittelten, entstanden meiner Meinung nach strukturelle und nachhaltige Spannungsfelder, die noch heute Konflikte im Zusammenleben darstellen. Eine innere Phase der Reflexion war nach meiner Ansicht nicht möglich und somit konnte auch keine nachhaltige Akzeptanz der fremden Bildungsinhalte/ Religionsinhalte mit der traditionellen Glaubensentwicklung in Einklang gebracht werden. Meiner Meinung nach ist der Islam in Malaysia eine Gesellschaft, die sich gegenüber der westlichen Welt öffnen möchte, aber noch sehr viele interne Spannungsfelder hat, die innenpolitische Konflikte in unterschiedlichen Bereichen verursachen.

Nach Noor (2009: 83) wurden im Jahre 1950 einige ethnische Gruppen in Malaysia hermetisch von der restlichen Bevölkerung durch die Kolonialverwaltung isoliert und konnten nur bedingt am wirtschaftlichen Leben teilnehmen.
In letzter Zeit gestaltet die islamische Regierung die staatlichen Entwicklungen mit ausgeprägter Signifikanz. Die zusätzlichen Ereignisse der dominanten muslimischen Gesellschaft werden im mittleren Osten umgehend gesammelt und von den muslimischen Führern mit Vorsicht in den Medien dargestellt. In den letzten 20 Jahren sind die Grenzen zwischen Religion und Politik in Malaysia verschwommen und der Einfluss der Religion bestimmt den politischen Prozess. Der Kampf zwischen UMNO und PAS nimmt im Gestaltungsprozess eine Schlüsselfigur ein. (Liow: 167-168) Die Briten haben als Kolonialmacht die Chinesen und Inder nach Malaysia geholt, um ihre politischen und wirtschaftlichen Kolonialziele durchsetzen und gestalten zu können. Noch heute gibt es ein hohes Konfliktpotenzial unter den ethnischen Gruppen aus religiösen Gründen.

Nach Shamsul (2001: 355 -366) wurden in der Analyse verschiedener Konzepte, die sich mit Kategorien und Klassifizierungen auseinandersetzen sehr schnell festgestellt, dass es fast unmöglich ist, die Rolle des Islams nicht zu berücksichtigen. Die Sprache und das Königshaus sind vom Islamismus geprägt. Die allgemeinen Bedingungen und das meiste Wissen über Malaysia ist kompliziert und der Orientalismus wurde durch die Gelehrten der Kolonialverwaltung anthropologisch bewertet und dieses Wissen wurde gewöhnlich ohne Problemanalysen in den Schlüsselbedingungen sowie ohne kritische Würdigung dokumentiert. Wie in den meisten Gesellschaften beinhaltet das Phänomen der Identifikation eine Diskrepanz zwischen den inhaltlichen Definitionen und den erkennbaren Absichten unterschiedlicher Gruppen und führt somit zu einem großen Konfliktpotenzial. Einige Gruppen sind autoritär und haben eine dominante kraftvolle Struktur und andere Gruppen definieren sich jeden Tag durch das realistische Zusammenleben mit den anderen Menschen und wollen dadurch ihre Gesellschaft mitgestalten.

Nach Nagata (1974: 331 – 350) wird beschrieben, dass die unterschiedlichen „ethnischen" Charaktereigenschaften eher ablehnend auf die vermutlich amerikanischen Vorstellungen und Verhaltensmuster wirken. Solche Gesellschaften wurden meistens durch eine ausbeutende Kolonialpolitik der Kolonialmächte in ihrer Entwicklung stark unterdrückt und die kulturellen Werte gingen verloren, wurden von den Kolonialmächten zerstört oder auch die materiellen Güter in Besitz genommen. Es bestand die Intension, eine Überprüfung der Tatsachen in George Town, Penang und Malaysia durchzuführen. In den Städten soll die Betonung auf der Hauptreligion (Islam) liegen und die ethnischen Unterschiede sollen weniger berücksichtigt werden. Eine sichere Ausbreitung des Islams als institutionelles Verbindungssystem der unterschiedlichen ethnischen Gruppen ist nur dann möglich, wenn die Chinesen und die anderen Gruppen der multikulturellen Gesellschaft das gleiche Vertrauen und die gleichen Grundrechte erhalten. Gegenwärtig bestehen noch sehr viele Konfliktsituationen über die nicht konstruktiv gesprochen wird.

Die Kommunikation über spirituelle Kräfte bei religiösen Events ist teilweise problematisch, weil die betonenden Erklärungen auf die organisatorischen und kognitiven Unterschiede im Vordergrund stehen. Es wird festgestellt, dass die Kommunikation unter vielen Gruppen in einer pluralistischen Gesellschaft nicht nur durch die Sprache, sondern auch durch Religion und alltägliche Handlungsweisen erfolgen sollte. (Ackermann 1981: 790 – 791) Frühere Studien über die Zusammenhänge der „uniformierten kulturellen Ideologie" und der „funktionalen Symbole" hat man in der Kommunikation nicht nachhaltig wissenschaftlich gewürdigt. Die Daten der früheren Untersuchungen sind für die Kommunikationsmuster in einer multikulturellen Gesellschaft bedeutsam, um einen gemeinsamen Nenner im gesellschaftlichen Zusammenleben (Politik, Religion, Bildung usw.) zu finden. (Ackermann: 792-793) Der Prozess der Industrialisierung in Malaysia sollte zukünftig alternative und moderne Wege entwickeln. Das Wetteifern der Weltansichten findet im Spannungsfeld zwischen Traditionen und komplexen Entwicklungen der modernen Gesellschaft statt. (Ackerman: 798)
Der tendenzielle religiöse Aufstieg in Malaysia ist nicht nur der Rivalität zwischen den großen politischen Parteien (UMNO und PAS) zuzuordnen, sondern auch einer anderen Quelle, nämlich der aufstrebenden Verwaltung der „Sharia". Die Vorherrschaft der religiösen Struktur ist die Grundlage und die Überzeugungskraft der Vermittler des „richtigen" oder „offiziellen" Islams, die den islamischen Weg gestalten. Diese Tat-

sachen sind die Stütze des Islams und fördert den Islam dadurch in seiner Entwicklung. (Maznah 2010: 506) Die besten Gestalter und Förderer des Islams waren die traditionellen religiösen Kräfte. Möglicherweise wurde die Ausübung der religiösen Traditionen durch die Kolonialpolitik eingeschränkt und der geringe Status der islamischen Religion konnte sich erst wieder später entfalten. (Maznah 2010: 508) Maznah nennt das Konzept von Weber: „Idee der legalen rationalen Institution" und stellt fest, dass dieses Konzept in einem „Vor-Modernen" sozialen System nicht funktioniert. Das charismatische Verhalten der Persönlichkeiten in der Führungsebene wirkt handlungsorientiert auf die Entwicklung der islamischen Verwaltung. (Maznah 2010: 509) Religiöse Angelegenheiten werden immer mehr in Gesetzen dargestellt. Wenn die politische Autorität eine Änderung beabsichtigt, wird diese mit theologischen Argumenten gerechtfertigt. Die islamischen Gelehrten hatten keine Bedenken im Übernehmen und Ausleihen neuer Strukturen der Regierung, wenn die Modifizierungen mit der historischen islamischen Weltanschauung in Einklang waren. (Maznah 2010: 512) Das Zivilgericht ist nun durch „Kraft des Gesetzes" in der Lage, bei „Streitfragen", Recht zu sprechen. Jedoch ist das „Sharia-Gericht" über dem Zivilgericht und kann im Widerspruchsverfahren Auflagen zur Änderung erteilen. Es ist ein Weg der Angleichung mit der zivilen Gerichtsbarkeit. (Maznah 2010: 515) Der Staat verabschiedet mehr Gesetze zur Regulierung und schafft Bedingungen der Homogenisierung aus der muslimischen Sichtweise. Jedoch die Bürgerbewegungen und die oppositionellen Kräfte fordern mehr Meinungsfreiheit. Die Autorität der Regierung verfolgt die neuen Bewegungen mit scharfem Vorgehen. Die diversen Gegenbewegungen suchen einen Weg, um die Vorherrschaft des Islams zu verändern. (Maznah 2010: 523)

Durch die unterschiedlichen Beiträge verschiedener Autoren wollte ich ein Spannungsfeld zwischen Politik, Gesellschaft, Religion in Malaysia aufzeigen, welches auch auf andere Länder in Europa und Afrika übertragen werden könnte. Die geschilderten historischen Fakten sollen mögliche Ursachen in der Radikalisierung der islamischen Welt aufzeigen.

Ab 1830 mit der Besetzung Algiers konzentrierte sich Frankreich auf den größten Teil Zentral- und Westafrikas und eroberte zwischen 1845 und 1997 die gesamte Sahara. (Kinder 1972: 107)

Nach 1945 bis 1950 beschleunigte sich der Auflösungsprozess des französischen Kolonialreiches. Im Jahr 1960 wurden 14 französische Kolonien unabhängig. Zu den Entwicklungsländern Afrikas zählen noch viele ehemalige französische Kolonien.

Nach Neumann (2016: 51) ist die Muslimbruderschaft (im Jahre 1928), die von Hassan al - Banna (1906 – 1949), ein Lehrer aus der ägyptischen Kanalzone, gegründet wurde, ist sicherlich die bedeutendste islamische Organisation in der ersten Hälfte des 20. Jahrhunderts.

„Das ultimative Ziel war nicht allein das Ende des Kolonialismus, sondern die Abschaffung säkularer Rechtssysteme und die Einführung der Scharia, des religiösen islamischen Rechts" (Neumann: 51).

„Salafisten lehnen Anpassungen des Islamverständnisses oder der Glaubenspraxis an die Anforderungen des modernen Lebens ab. In der Regel haben Salafisten eine klare Einteilung in gut und böse, in gläubig und ungläubig. […]. Auch schon vor 2011 wurden die ägyptischen Salafisten von den arabischen Golfstaaten und insbesondere von Saudi-Arabien unterstützt" (Lohlker 2017: 13)

Nach Lohlker (2017: 12) beanspruchen die Salafisten der jüngeren Zeit ein Monopol auf das Wissen über die ersten musli-

mischen Generationen zu haben. Sie haben den einzig wahren
Glauben. Der entscheidende Unterschied zu anderen Musli-
minnen und Muslimen besteht darin, dass diese die ersten Generationen verehren, aber keinen alleinigen Anspruch auf die
drei ersten Generationen erheben.

„Die Vorstellung der Einheit Gottes (tauhīd) ist allen Muslimen
gemeinsam, sie ist nicht spezifisch salafistisch, sondern bereits
im ersten Teil des Glaubensbekenntnisses (schahāda) enthalten,
in dem es heißt, dass es keinen Gott außer Gott gibt. Was spezifisch salafistisch-wahhabistisch-dschihadistisch ist, ist die besondere Betonung dieses Gedankens und der Anspruch, als
einzige islamische Strömung diese Idee zu vertreten. Entschieden abgegrenzt wird die Einheit von der Vielfalt, dem Poly-
theismus (schirk), deren Vertreter abgelehnt, ja sogar mit Waf-
fengewalt bekämpft werden müssen, was für den Wahhabismus
und natürlich für den Dschihadismus gilt, aber unter Umständen auch für Teile des Salafismus. Dass die absolute Einheit
keine Hinzufügungen im Sinne der Neuerungen verträgt, ist
selbstverständlich“ (Lohker 2017: 116).
„Sayyid Qutb (1906 – 1966) – genauso wie al – Banna ein Lehrer -, der den relativ pragmatischen Islamismus der Muslim-
brüder in eine gewaltsame, revolutionäre Ideologie uminterpre-
tierte. […]. Unsere ganze Umgebung, die Ideen und
Überzeugungen der Leute, ihre Traditionen und Kunst, ihre
Regeln und Gesetze – sie alle sind *jahili,* schrieb er. Nur wer
die »Souveränität« Gottes absolut, hundertprozentig und ohne
Vorbehalte akzeptiere, könne sich als Muslim bezeichnen. […].
Dschihad, so die Meinung Qutbs, bedeute vor allem bewaffne-
ter Kampf, und der sei ein notwendiges Instrument, um die
Herrschaft Gottes durchzusetzen“ (Neumann: 52).

Nach Neumann (2016: 55) sehnten sich Qutb und seine Anhänger nach der „Islamischen Revolution", die sich 1979 im
Iran ereignete. Ruhollah Khomeini (1902 – 1989), der Revolu-
tionsführer, und seine Anhänger gehörten der schiitischen Kon-
fession an, die von den sunnitischen Salafisten abgelehnt wurde. Aus der Sicht der Salafisten waren die Schiiten Abtrünnige
und Ketzer – schlimmer noch als Juden und Christen.
Durch die Globalisierung wurde meines Erachtens das Spannungsfeld innerhalb des Islams weltweit spürbar, denn mehrere
islamische Bewegungen befanden sich in einem Wettbewerb
der wahrhaftigen religiösen Identität.
„Der Konflikt, der Azzams Idee einer mobilen Eingreiftruppe
am nächsten kam, war der Krieg in Bosnien. Genauso wie in
Afghanistan ging es um die Auseinandersetzung zwischen
Muslimen und einen externen Feind: den christlich – orthodo-
xen Serben. Zwischen 1992 und 1996 mobilisierte der Krieg
bis zu 2000 Auslandskämpfer, von denen viele aus den Trai-
ningslagern in Afghanistan auf den Balkan gekommen waren"
(Neumann: 63 – 64).

Reformbewegung gegen den Mainstream-Islam
Nach Lohlker (2017: 17) bildete sich ein Netzwerk von Studenten und Gelehrten in vielen Teilen der islamischen Welt, die
sich gegen den etablierten Islam, aber auch gegen die organi-
sierte islamische Mystik und gegen die Heiligenverehrung
(z.B. das Feiern des Prophetengeburtstages) auch zum Teil ge-
waltsam wandten.

„In der ganzen islamischen Welt gab es Reformbewegungen,
die sich seit dem 17.Jahrhundert gegen den etablierten Islam
wandten. Ein Kreuzungspunkt dieser Bewegungen waren die
Städte Mekka und Medina, wo sich bedingt durch die Pilger-
fahrt für mehr oder weniger lange Zeit islamische Gelehrte

aufhielten. […]. Dass heute häufig Gewalt mit Salafismus in Verbindung gebracht wird, hat ebenfalls historische Vorbilder. Das wird an der Padri-Bewegung im heute indonesischen Sumatra deutlich. Sie entstand nach der Rückkehr dreier Pilger aus Mekka, die infolge der Eroberung der Stadt die Wahhabiten im Jahr 1803 dazu angeregt wurden, ihre Vorstellungen ebenfalls mit Gewalt durchzusetzen. Die Einfälle der Padris in das Land der Batak waren deaströs für Wirtschaft und Kultur des Landes" (Lohlker 2017: 17-18).

Bewegungen und Netzwerke in der islamischen Welt
Für den globalen Salafismus ist Ägypten zu einem wichtigen Land geworden, aber auch schon sehr frühzeitig spielten ägyptische Salafisten eine bedeutsame Rolle, wie an Muhammag Abduh gezeigt werden kann. (Lohlker 2017: 55). Nach der Revolution von 2011, dem sogenannten Arabischen Frühling, wurde aus der DS (der salafistische Aufruf) eine salafistische Wahlpartei gegründet, die Hizb an-Nūr (Partei des Lichts). (Lohlker 2017: 57)
„Seit der Regierungsbeteiligung der politisch-islamischen Partei der Nationalen Front im Jahr 1989 verändert sich der Salafismus im Sudan. Die Ansār al-sunna setzt auf die Ausweitung der salafistischen Lehre durch Predigt und Mission (daʿwa) und ist zunehmend im öffentlichen Raum präsent. Ihre Scheichs vertreten die Auffassung, dass es erlaubt ist, alle zur Verfügung stehenden Mittel anzuwenden, um die daʿwa zu fördern, seien es politische Parteien oder Studentenvereinigungen. Die Ansār al-sunna befürwortet auch einen islamischen Staat, aber oberstes Ziel bleiben Predigt und Mission. […]. Von salafistischer Seite werden die politisch-islamischen Kräfte scharf kritisiert, ebenso die im Sudan einflussreichen sufischen Organisationen. Der Ansār al-sunna vertritt nicht die Auffassung, dass ein islamischer Idealstaat nur auf der Basis einer wahrhaft islamischen

Gesellschaft errichtet werden kann, einer Gesellschaft, die nicht nur auf moralischer Rechtschaffenheit beruht, sondern auch auf doktrinärer Reinheit. Vielmehr ist für die sudanesischen Salafisten auch eine Islamierung von oben denkbar. Damit unterscheiden sie sich von Salafisten in anderen Ländern" (Lohlker 2017: 60-63).

Nach Neumann (2016: 178) gab es schon immer verschiedene Strömungen mit unterschiedlichen Zielen, Taktiken und Strategien. Seit dem Afghanistankrieg in den 1980er Jahren ist die Bewegung spürbar gespaltet. Den Kampf gegen den Westen war lange Zeit al - Qaida - die erste und einzige Gruppe - die sich zum globalen Vorreiter machte und für sich beanspruchte, den Kampf gegen die westlichen Ungläubigen anzuführen.
Nach Neumann (2016: 179 – 180) kontrollierte der „Islamische Staat" bereits im Frühjahr 2014 ein Drittel in Syrien und eine Stadt nach der anderen im Irak eroberte, verglich Obama die Gruppe mit einer Amateurmannschaft. Jedoch bestimmte in Wirklichkeit der islamische Staat – und nicht al- Qaida – seit 2013 den Ton und das Tempo der Auseinandersetzung. Häufiger als der Anschluss bereits bestehender Organisationen ist ihre Spaltung. Ein Beispiel dafür sind die pakistanischen Taliban, die bereits schwere Turbulenzen ab 2013 innerhalb der Gruppe spürten, nachdem ihr damaliger Anführer durch eine amerikanische Drohne getötet wurde.

Wahhabismus zum Dschihadismus

„Wie haben wir uns das Verhältnis des Dschihadismus zu Saudi-Arabien vorzustellen? Auf der einen Seite gibt es viele Verbindungslinien, insbesondere in gemeinsamen theologischen Vorstellungen, auf der anderen Seite gibt es eine Konkurrenz um den wahren Islam. […]. Es ist eine Banalität, darauf hinzuweisen, Usãma bin Lãdin, lange Jahre die *Zentralgestalt* des transnationalen Dschihadismus, saudischer Herkunft war.[..]. Über der Revolution im Iran und dem Einmarsch der Roten Armee in Afghanistan ist ein Ereignis in Vergessenheit geraten, das in Saudi-Arabien stattfand: die Besetzung der großen Moschee in Mekka 1979, zu Beginn des Jahres 1400 Hidschra, eines eschatologisch wichtigen Datums" (Lohlker 2017: 138).

Nach Lohlker (2017: 145) nutzte Bin Lãdin vier Faktoren die Schulze wie folgt beschreibt:

1. „wahhabistischen Deutungstraditionen"
2. „modernster Kommunikationstechnologien"
3. „soziale Ordnungen jenseits der Gesellschaft eine sinnstiftende Sprache"
4. „Fügen wir noch hinzu, dass die neu entstandenen Netzwerke einen transnationalen, ja globalen Anspruch haben, der bis zur Erlösung der ganzen Menschheit reicht – sofern sie nicht vorher der Vernichtung anheim fällt-, wird die Modernität des Phänomens Dschihadismus noch deutlicher: geboren aus der Nachtseite der Moderne" (Lohlker 2017: 145).

„Anschläge im Zug bei Würzburg, in Berlin, in Orlando 2016 und verschiedene aufgedeckte Anschlagsvorbereitungen weltweit können wir als eine Form der Verwirklichung solcher schon lange bekannter Ideen verstehen. Daneben kommt es zu Aktionen größerer Einheiten, die organisatorisch an dschihadistische Gruppen angebunden sind. Dafür gibt es leider genug Beispiele in jüngster Zeit, etwa die gut organisierten Anschläge in Paris und Brüssel 2016" (Lohlker 2017: 151-152).

Weitere Spannungsfelder im Radikalisierungsprozess
Der weltweite Terrorismus ist nicht nur religiös motiviert, sondern kann auch gesellschaftspolitisch
begründet sein. Nach Neumann (2016: 35) ist der Ursprung der Studentenbewegungen politisch begründet. Sie wollten althergebrachte Zwänge, Hierarchien und Konventionen radikal ändern. Wie bei vielen Gegenkulturen ging es anfangs nicht nur um Politik, sondern um Musik, Kleidung neue Lebensstile gestalten und die Auflehnung gegen alles. Die oberflächlichen Erkennungszeichen waren oft Drogen, Sex und Rockmusik und jedes für sich repräsentierte einen Tabubruch. Man wandte sich gegen den autoritären Sozialismus, wie der Ostblock ihn praktizierte, aber auch gegen den vermeintlichen Imperialismus des Westens und die Mächtigen im Kapitalismus.
Nach Neumann (2016: 47) ähneln sich die Argumentationsmuster religiöser Fundamentalisten, die einen moralischen Niedergang diagnostizieren, dessen Ursache die Abkehr von religiösen Prinzipien sei.
„Doch Hill und *Army of God* ging es nicht allein um das Thema Abtreibung. In einem Interview mit meinem Kollegen Mark Juergensmeyer erklärte der spirituelle Anführer der Gruppe, der Pastor Michael Bray, dass sich die amerikanische Gesellschaft in einem Zustand der »geistigen Verrottung« befinde und die Durchsetzung einer »neuen moralischen Ordnung notwendig« sei, die auf »biblischen, nicht säkularen Prinzipien« beruhe. Brays Worte hätten – so oder ähnlich – auch von einem ägyptischen Islamisten stammen können, [...]“ (Neumann 2016: 47).
Meines Erachtens können auch sozialpolitische Defizite, die soziale Ungerechtigkeiten entwickeln, aber auch die „Schere“ zwischen Reichtum und Armut immer größer wird und im Besonderem die Finanzierung bildungspolitischer Notwendigkeiten nicht nachhaltig gesichert sind, ursächlich für eine politische Radikalisierung sein könnten. Weiterhin ist die

„Interkulturelle Kompetenz" in allen Bereichen des gesellschaftlichen Zusammenlebens von großer Wichtigkeit und auch die „Interkulturelle Kommunikation" sowie eine „Interkulturelle Bildungsentwicklung" ist in einer globalisierten Welt notwendig, um Konflikte rechtzeitig erkennen und auch gemeinsame Lösungskonzepte zur Konfliktreduzierung entwickeln zu können.

Prävention im Kampf gegen den Terrorismus
Nach Neumann (2016: 199 – 201) sind auf der einen Seite alle Sicherheitsbehörden mit den entsprechenden Mittel – mit neuem Personal, Geld und Rechten auszustatten – um sich dem Ausmaß der Bedrohungen anzupassen und auf der anderen Seite muss sich im Ansatz der modernen Terrorismusbekämpfung auch die Gesellschaft und die Politik mit gleicher Energie und Aufmerksamkeit den Problemen angemessen und nachhaltig entwickeln, um durch angemessene Deradikalisierung und Intervention den Akteuren und Zielgruppen entgegenzuwirken. Eine transparente und gut finanzierte Strategie zur präventiven Terrorismusbekämpfung ist notwendig und zeigt eine ergebnisorientierte Entwicklung in der Durchsetzungsfähigkeit im Handlungsprozess einer Regierung. Zur Prävention gehören auch Lehrer und Eltern, denn sie haben den ersten Einfluss auf Schüler und Kinder, die das Abdriften ihrer Schüler oder Kinder in den Extremismus bemerken könnten. Junge Menschen sollten nicht kriminalisiert und als potentielle Terroristen behandelt werden, denn Ausgrenzung kann die Gefahr der Radikalisierung von Jugendlichen verstärken. Mit Strafverfolgung und Polizeiarbeit haben solche Programme nichts zu tun. Eine klare Trennung ist unabdingbar notwendig.

Zusammenfassung

Meiner Meinung nach ist das zwanghafte Zusammenführen der unterschiedlichen Kulturen und ethnischen Unterschiede durch die Kolonialmächte noch nicht differenziert von den einzelnen Gruppen mit gegenseitigem Respekt in Malaysia betrachtet bzw. verarbeitet worden. Die Ethnologiepolitik kann Visionen in den ehemaligen besetzten Ländern mit den unterschiedlichen ethnischen Gruppen gemeinsam formulieren bzw. entwickeln, um mit gegenseitigem Respekt die religiösen Unterschiede zu würdigen. Dadurch könnten langfristig Konfliktpotenziale reduziert werden. Eine Philosophie der konstruktiven, toleranten und respektvollen Begegnung kann der Weg einer zielorientierten Konfliktvermeidung sein.

Die postkolonialen Auswirkungen auf den heutigen Entwicklungsprozess politischer Systeme werden in Malaysia immer deutlicher. Meines Erachtens sollten hier die Briten gemeinsam mit den politischen Parteien einen Weg finden, um die negativen postkolonialen Auswirkungen zu minimieren oder sogar langfristig ausräumen zu können. Meiner Meinung nach haben nicht nur die Briten – als ehemalige Kolonialmacht – eine moralische nachhaltige Verantwortung, sondern natürlich auch alle anderen ehemaligen Kolonialmächte.

Das Wissen über andere Gesellschaften ist meines Erachtens unbedingt erforderlich, um eine Sensibilität in der Empathie zu entwickeln. Dadurch können nachhaltig die Konfliktlösungen durch kulturelle Aushandlung entwickelt werden. Die Entwicklung in Malaysia kann meines Erachtens auch auf andere Gesellschaften an der europäischen Außengrenze übertragen werden.

Durch die unterschiedlichen Beiträge verschiedener Autoren wollte ich ein Spannungsfeld zwischen Politik, Gesellschaft, Religion in Malaysia aufzeigen, welches auch auf andere Länder in Europa und Afrika übertragen werden könnte. Die geschilderten historischen Fakten sollen mögliche Ursachen in der Radikalisierung der islamischen Welt aufzeigen.

Kernaussagen

Der Salafismus als fundamentalistische Strömung will sich gezielt von der Mehrheitsgesellschaft isolieren und stellt dadurch auch ein „Integrationshindernis" dar. In der Präventionsarbeit sollte eine deutliche Trennung beider Phänomene (Salafismus und Dschihadismus) erfolgen, da für jede Strömung eine andere Strategie entwickelt werden muss, um angemessen reagieren zu können. (HSFK-Report Nr. 5: 2016: 2-3) Das Internet mit den unterschiedlichen Plattformen beschleunigt den kommunikativen Globalisierungsprozess und soll dadurch eine zu enge lokale Einbettung in der Entwicklung der Zielsetzung verhindern. Das dschihadistische und salafistische Selbstverständnis ist transnational determiniert. (HSFK-Report Nr.5: 1)
Der tendenzielle religiöse Aufstieg in Malaysia ist nicht nur der Rivalität zwischen den großen politischen Parteien (UMNO und PAS) zuzuordnen, sondern auch einer anderen Quelle, nämlich der aufstrebenden Verwaltung der „Sharia". Die Vorherrschaft der religiösen Struktur ist die Grundlage und die Überzeugungskraft der Vermittler des „richtigen" oder „offiziellen" Islams, die den islamischen Weg gestalten. Diese Tatsachen sind die Stütze des Islams und fördert den Islam dadurch in seiner Entwicklung. (Maznah 2010: 506)
Nach 1945 bis 1950 beschleunigte sich der Auflösungsprozess des französischen Kolonialreiches. Im Jahr 1960 wurden 14 französische Kolonien unabhängig. Zu den Entwicklungsländern Afrikas zählen noch viele ehemalige französische Kolonien.
Nach Neumann (2016: 51) ist die Muslimbruderschaft (im Jahre 1928), die von Hassan al - Banna (1906 – 1949), ein Lehrer aus der ägyptischen Kanalzone, gegründet wurde, ist sicherlich

die bedeutendste islamische Organisation in der ersten Hälfte des 20. Jahrhunderts.

„Das ultimative Ziel war nicht allein das Ende des Kolonialismus, sondern die Abschaffung säkularer Rechtssysteme und die Einführung der Scharia, des religiösen islamischen Rechts" (Neumann: 51).

Ausblick

Die führenden Staaten der westlichen Welt werden sich meines Erachtens noch intensiver mit den Ursachen der Radikalisierung islamischer Strömungen auseinandersetzen müssen. Der Terror islamischer Gruppen wird leider nicht weniger werden. Es sollte eine Politik der Nachhaltigkeit angestrebt werden, d. h. es dürfen zukünftig keine Waffen in Krisengebiete geliefert werden und die Fluchtursachen sollten von der europäischen Gemeinschaft und allen Staaten der westlichen Welt gemeinsam durch „Interkulturelle Bildungsentwicklung" und durch humanitäre Hilfe langfristig beseitigt werden. Weiterhin ist es meines Erachtens notwendig, dass die Menschenrechte, die Pressefreiheit, die demokratischen Grundwerte und die Religionsfreiheit geschützt werden müssen. Jeder Staat der zivilisierten Welt darf sich nicht durch politischen oder religiösen Terror einschüchtern lassen und sollte durch Solidarität, Rechtsstaatlichkeit und situativer Diplomatie dem Terror gezielt entgegenwirken.

Literaturverzeichnis:

Ackermann, Susan E. & R. Lee (1981): *Communication and Cognitive Pluralism in a Spirit Possession Event in Malaysia, American Ethnologist,* Vol. 8 (4); S. 789-99.
HSFK-Report Nr. 5 (2016): *Transnationale Aspekte von Salafismus und Dschihadismus.* Frankfurt: Leibniz-Institut.

Kinder, Hermann & Werner Hilgemann (hg. 1972): *dtv-Atlas zu Weltgeschichte. Karten und Chronologischer Abriss. Von der Französischen Revolution bis zur Gegenwart.* München: Deutscher Taschenbuchverlag.
Liow, Joseph C. (2007): *Political Islam in Malaysia: Legitimacy, hegemonie and resistance.* In Reid, Anthony & Michael Gilsenan (hg.): *Islamic Legitimacy in a Plural Asia.* London et al.: Routlegde, S. 167-187.
Lohlker, Rüdiger (2017): *Die Salafisten. Der Aufstand der Frommen, Saudi-Arabien und der Islam.* München: Beck.
Maznah, Mohamad (2010): *The Ascendance of Bureaucratic Islam and the Secularization of the Sharia, Pacific Affairs,* Vol. 83, No. 3, S. 499-518.
Nagata, Judith (1974): *What is Malay: Situational Selection of Ethnic Identity in a Plural Society.* American Ethnologist, 1/3, S. 331-350.
Neumann, Peter R. (2016): *Die neuen Dschihadisten – IS, Europa und die nächste Welle des Terrorismus.* Ullstein Buchverlage: Berlin.
Noor, Farish A. (2009): *The Lost Tribes of Malaysia: The Construction of Race Politics From Colonial Era to the Present.* In ibid: *What Your Teacher Didn`t Tell You: The Annexe Lectures.* Vol. 1, Petaling Java: Matahari Books, S. 57-91.

Ruthven, Malise (2000): *Der Islam – eine kurze Einführung.* Sonderauflage für die Bundeszentrale für politische Bildung, Philip Reclam: Stuttgart.

Shamsul, A. B. (2001): *A History of an Identity, an Identity od a History: The Idea and Practice of `Malayness` in Malaysia Reconsidered.* Journal of Southern Asian Studies, 32 (3), S. 355-366.

Quellenverzeichnis:

www.abipur.de/referate/stat/645547756.html

3. Kapitel
Die Politische Ethnologie in Spannungsfeld zwischen der „Interkulturellen Orientierung" und der „Interkulturellen Bildungsentwicklung" im Kindergarten, Bildungsstätten und im Sport

Allgemeines und Problemfelder

In der Einleitung meiner wissenschaftlichen Abhandlung möchte ich durch meine Beobachtungen darauf hinweisen, dass die kulturspezifischen und psychosozialen gegenseitigen Abhängigkeiten in unserer Gesellschaft in Deutschland immer deutlicher werden, denn durch die Globalisierung wachsen alle Kulturen schneller zusammen. In unserer multikulturellen Gesellschaft sollten meiner Meinung nach die Erzieher, Pädagogen, Psychologen, Soziologen und auch die Ethnologen eine bildungspolitische Basis mitgestalten, die es ermöglicht, dass in allen Bildungseinrichtungen (Kindergärten, Schulen und auch in vielen Berufen) altersgerechte und kulturspezifische Bildungsinhalte vermittelt werden, um eine positive Sensibilität (Empathie) für kulturelle Vielfalt entwickeln zu können. Der Ethnologe als Kulturexperte befindet sich in einem besonderem Spannungsfeld zwischen „Interkultureller Orientierung" und einer nachhaltigen „Interkulturellen Bildung". Er kann auch neue Wege in den Organisationsformen einer multikulturellen Gesellschaft aufzeigen, sowie mögliche Konfliktfelder in unterschiedlichen Bereichen (Glaubensgemeinschaften, Sport, Vereinswesen, Kindergarten, Schule, Politik, Wirtschaft, Begrüßungsrituale, Ausdrucksformen usw.) der Gesellschaften kulturspezifisch darstellen und somit einen Impuls zur Konfliktreduzierung geben. Die Kommunikation mit ihren unterschiedlichen verbalen und nonverbalen Ausdrucksformen und die „interkulturelle Kompetenz" sind meines Erachtens wichtige Aspekte in der kulturellen Aushandlung.

Die Flüchtlingssituation in Europa seit 2015 und das Verhalten der europäischen Mitgliedsstaaten zeigen meines Erachtens einige Problemfelder auf, die leider bis heute noch nicht gelöst wurden. In meiner wissenschaftlichen Abhandlung werde ich durch interdisziplinäre Differenzierung diese Problemfelder deutlicher darstellen. Zur Zeit gibt es weltweit ca. 65 Millionen Flüchtlinge, die sicherlich nicht alle von der EU aufgenommen werden können, aber die Flüchtlinge an den europäischen Außengrenzen, die aus verschiedenen Gründen aus ihrer Heimat flüchten, um zu überleben oder eine Lebensperspektive suchen, sollten meiner Meinung nach von allen europäischen Mitgliedsstaaten – im Rahmen der humanitären Hilfe – aufgenommen werden. Die Gründe, warum so viele Menschen in Flucht den letzten Ausweg sehen, sind vielfältig. In weiten Teilen Afrikas, in Vorder- und Südasien oder auch auf dem Westbalkan herrschen bittere Armut, ausgelöst durch Naturkatastrophen, Bürgerkriege oder despotische Herrscher. Die Führungskräfte in der Politik, in der Wirtschaft, in den Gewerkschaften und in ehrenamtlichen Organisationen haben meines Erachtens eine besondere Verantwortung im Mitwirken der bildungspolitischen Strukturveränderung, um nachhaltig eine positive Sensibilität in der Gesellschaft zu entwickeln, dadurch können dann die Probleme möglicherweise gemeinsam gelöst werden. Dazu gehört es auch die Fluchtursachen zu beseitigen und z.B. keine Waffen in Krisengebiete zu liefern. Nachfolgend werden bereits in der Einleitung unterschiedliche Aspekte aufgeführt, die meines Erachtens die Notwendigkeit zu einer größeren Empathie in der kulturellen Aushandlung aufzeigen und möglicherweise dadurch das Spannungsfeld des

Ethnologen zwischen der „Interkulturellen Orientierung" und einer kulturspezifischen Bildungsentwicklung langfristig reduzieren könnte.

In meinem beruflichen Werdegang habe ich Organisationsstrukturen mitgestaltet und möchte folgende Beobachtungen einbringen. In vielen Organisationsformen der Industrie, der Wirtschaft, der Kommunal- und Landesverwaltungen sowie in Sportverbänden verändern sich die Organisationsformen und Führungsstrukturen immer mehr in Richtung Teamorganisation und fördert dadurch die Kooperation der Teammitglieder.

Das persönliche Potenzial der einzelnen Teammitglieder steuert nach meiner Ansicht die Teamarbeit in vielen Lebensbereichen der multikulturellen Gesellschaft; die Kenntnisse über das Zusammenspiel unterschiedlicher Merkmale im Rollenspiel können den Optimierungsprozess in der Teamarbeit positiv unterstützen. Ein Wissen über die kulturspezifischen Unterschiede und eine frühkindliche Prägung (ca. bis zum 3. Lebensjahr) könnte ein möglicher Weg sein, durch Empathie die täglichen Probleme des Zusammenlebens in unterschiedlichen Gruppen zu reduzieren.

Die außerschulischen Bildungsinhalte (altersgerechtes Spielen und altersgerechtes Unterhalten, Singen, Tanzen, Konflikte untereinander lösen, altersgerechte Empathie entwickeln, usw.), die ich in meinen Forschungen im Kindergarten und auf Spielplätzen beobachtet habe und die altersgerechte Erziehung, die bereits im Elternhaus und vor allem auch schon im Kindergarten stattfinden, sollten unter dem Aspekt der kulturellen Vielfalt intensiver gefördert werden, um bereits durch frühkindliche Prägung eine gute Basis zur kulturellen Verständigung entwickeln zu können.

Mögliche Ursachen der Problementwicklung

Die nachfolgenden ausgewählten Begrifflichkeiten sollen eine sprachliche Gemeinsamkeit in der allgemeinen Verständigung unterschiedlicher Aspekte meines Themas erreichen, die meines Erachtens im Verstehen zur „Interkulturellen Orientierung" und der „Interkulturellen Bildungsentwicklung" hilfreich sein könnten. Die Definitionen oder Erläuterungen sollten nur als Einführung zum Thema verstanden werden und haben nicht den Anspruch der Vollständigkeit.

Nach Spangenberg (1969), der Gruppendynamische Modelle für Erziehung und Unterricht entwickelte, werden die Prinzipien zur Teamarbeit in ständige Kommunikation, spontane Kommunikation und partnerschaftliche Kooperation differenziert.

Mit dem Aspekt der Kooperation hat sich auch Schulz von Thun, der Psychologie, Pädagogik und Philosophie studierte, intensiv in seinen Forschungen beschäftigt und stellt somit eine weitere wissenschaftliche Differenzierung zu Spangenberg dar. Nach Schulz von Thun (2000: 188) besteht ein Dilemma zwischen Kooperation und Konkurrenz. In unserer modernen Arbeitswelt entscheidet jeder Mensch, was er von sich zeigt, vielleicht sogar bewusst vor den Augen seiner Mitmenschen nicht zeigt. Die Teammitglieder sollen kooperieren, andere mit ihren Schwächen und Fehlern tolerieren, sich gegenseitig unterstützen, um im Team gemeinsame Ziele erreichen zu können. Kooperation ist mehr als nur Pflichterfüllung, sondern eine freiwillige Unterstützung der anderen Teammitglieder, um deren Schwächen zu kompensieren.

Mit Peter Röthig, der als Sportpädagoge arbeitet und mit anderen Wissenschaftlern ein sportwissenschaftliches Nachschlagewerk veröffentlicht hat, welches sich unter anderem auch mit psychologischen und sozialen Themenfeldern beschäftigt, möchte ich zur weiteren Ergänzung der Kooperation an dieser Stelle eine Begriffserläuterung zitieren.

„K. zwischen Personen oder → Gruppen liegt vor, wenn ein Ziel in gemeinsamer Anstrengung erreicht und durch sie eine gemeinsame Belohnung erzielt wird. Die gemeinsame Belohnung muß jedoch nicht notwendigerweise für jeden Partner gleich groß sein, sondern kann z.B. vom Rang oder Einsatz der Partner abhängig sein" (Röthig 1992: 250).

Das Rollenspiel, welches nach Spangenberg, Schulz von Thun und auch Röthig verbindende Aspekte darstellen, ist für zielorientierte Teammitglieder meines Erachtens besonders wichtig, um in den vielfältigen Aufgabenbereichen durch mehrperspektivische (nur die Gesichtspunkte, die für das Verstehen eines Vorganges unerlässlich sind) Arbeitsplanung ergebnisorientiert tätig sein zu können. Sie sollten durch intrapersonelle (in sich selbst) Übereinstimmung in der verbalen und nonverbalen Kommunikation ihre Persönlichkeit darstellen sowie auch die Bereitschaft zeigen, dass sie durch interpersonelle (zwischen Personen) Erfahrungen ihre persönliche Wahrnehmungsfähigkeit im täglichen Umgang mit den anderen Teammitgliedern weiterentwickeln wollen.

In meinen bisherigen Studien im Kindergarten, Grundschulen und in Sportvereinen konnte ich durch Feldstudien feststellen, dass die Inszenierung von Körperlichkeit (Bewegung, Ausdrucksformen, Gesichtsausdruck, Körperhaltung zum Partner, Unterstützung der Worte durch Handbewegungen) für die Teammitglieder eine besonders wichtige unterstützende Verhaltensform sein kann. Durch eine situative Körpersprache kann eine erfolgsorientierte Entwicklung in der Zielverfolgung erreicht werden.. Die nonverbale Kommunikation ist meiner

Meinung nach eine authentische Ausdrucksform und unterstützt somit auch die Zielerreichung.

Die authentische Überzeugungskraft kann meiner Meinung nach die „nonverbale Kommunikation" sein und wird häufig mit der Kommunikationspsychologie und mit der Motivationspsychologie begründet. Das geistige und körperliche Potenzial des Menschen sollte in Einklang stehen, um die Leistungsmotivation steigern zu können.

Meines Erachtens stehen die Führungskräfte im Spannungsfeld zwischen der vorgegebenen Zieldefinition und den Kapazitätsgrenzen in finanzieller und personeller Hinsicht. Ihr geistiges und körperliches Potenzial sollte in der Ausdrucksweise übereinstimmen, um auch als Vorbild die Mitarbeiter zur Leistungsoptimierung mit gegenseitigem Respekt motivieren zu können. Eine Leistungsoptimierung sollte meiner Meinung nach auch in der sozialen Kompetenzentwicklung dokumentiert werden.

Forschungsfrage und Hauptthesen

Wie kann die Empathie nachhaltig zur Verbesserung der kulturellen Verständigung optimiert werden?

Aspekte und Thesen zu meiner „Teilnehmenden Beobachtung" im Kindergarten:

1. Die Kinder spielen miteinander, sind sehr neugierig, haben einen hohen Bewegungsdrang, lernen von einander und sind in der Kindheit bereits sehr oft sprachbegabt.
2. Durch positive Vorbilder in den unterschiedlichen Entwicklungsphasen der Kindheit sowie durch altersgerechte Bildungsinhalte können sie eine positive Sensibilität (Empathie) für die kulturelle Vielfalt entwickeln.

3. Kinder brauchen eine altersgerechte Orientierung und einen angemessenen Freiraum zur Persönlichkeitsentwicklung.
4. Meines Erachtens ist es nicht nur wichtig sich zu tolerieren, sondern sich mit gegenseitigem Respekt zu begegnen.
5. Ein Wissen über die kulturspezifischen Unterschiede und eine frühkindliche Prägung (ca. bis zum 3. Lebensjahr) könnte ein möglicher Weg sein, durch Empathie die täglichen Probleme des Zusammenlebens in unterschiedlichen Gruppen zu reduzieren.
6. Charakterisierung der Entwicklungsstufen nach Winter:
(1) Neugeborenenalter (1-3 Monate); (2) Säuglingsalter (4-12 Monate)
(3) Kleinkindalter (1-3 Jahre); (4) Vorschulalter (4-7 Jahre)
7. Die frühkindliche Deprivation entsteht durch Frustration wichtiger Grundbedürfnisse und kann zu seelischen Erkrankungen im späteren Erwachsenenalter führen
8. Durch nonverbale Kommunikation (z.B. Lachen, Hand reichen, Umarmen, traurig sein, Signale zum Mitspielen geben, kindgerechte Begrüßungsrituale) können sprachliche (verbale) Verständigungsschwierigkeiten altersgerecht reduziert werden. Dadurch kann die „Interkulturelle Kommunikation" durch frühkindliche „Interkulturelle Bildungsentwicklung" im Kindergartenalter entwickelt werden.

Beobachtungen im Kindergarten und Grundschulen
Wie ist das Spielverhalten der Kinder? Wie werden Konflikte untereinander ausgetragen? Ist eine altersgerechte Empathie zu erkennen? Ist eine soziale Interaktion unter den Kindern zu beobachten? Werden ausländische Kinder akzeptiert? Können sich ausländische Kinder integrieren?

Aspekte und Hypothesen zur „Interkulturellen Entwicklung"
1. Durch positive Vorbilder sowie durch altersgerechte Bildungsinhalte kann die „Interkulturelle Kompetenz" frühzeitig entwickelt werden und damit möglicherweise eine positive Sensibilität für die kulturelle Vielfalt entstehen.
2. Ein Wissen über fremde Kulturen könnte ein möglicher Weg sein, durch Empathie die täglichen Probleme des Zusammenlebens in unterschiedlichen Gruppen zu reduzieren.
3. Ärzte, Pädagogen, Führungskräfte in der Politik und in der Wirtschaft werden in ihrer beruflichen Ausbildung nur selten mit den Aspekten der „Interkulturellen Kompetenz" konfrontiert.
4. Führungskräfte sollten eine größere Empathie zur interkulturellen Kompetenzentwicklung besitzen.

Forschungsstand und theoretischer Rahmen
Wir betrachten die Ebene der Kommunikation und nonverbalen Kommunikation.
In der Kommunikationspsychologie werden verschiedene Sprachebenen definiert und die Grundlagen der Erkenntnisse sollen Störungen, Missverständnisse und sonstige Wahrnehmungsprobleme beim „Miteinanderreden" reduzieren oder die Ursachen verständlich machen. Schulz von Thun und andere

haben in ihren „Kommunikationsquadraten" (Sachebene – Selbstkundgabe – Beziehung – Appell) auf Schwierigkeiten hingewiesen. Die verschiedenen Sprachebenen nach Schulz von Thun sind die Ausdruckssprache (einen bestimmten Gesichtsausdruck), Körpersprache (eine bestimmte Körperhaltung), Wortsprache (kognitive Ebene), Tonfallsprache (Wertigkeiten hervorheben), Entscheidungssprache (Aufgaben übertragen; Angebote ablehnen) und die Rückmeldesprache (Feedback; neue Ebene der Entwicklung).

Nach Spangenberg (1969) wird eine Gruppe als Team bezeichnet, die unter Anerkennung fachlicher und personaler Spezialisierung ihr kooperatives Potenzial für die Erreichung eines Zieles einsetzt. Unter Teamarbeit wird nicht nur das Ergebnis der in einem Team geleisteten Arbeit verstanden, sondern das Zusammenwirken in einem Team. Die Teamarbeit drückt sich in den individuellen Fähigkeiten zur Teamarbeit aus.

An dieser Stelle möchte ich das spielende Verhalten in den sozialen Interaktionen ansprechen und durch eigene Beobachtungen als Sportpädagoge deutlich machen, dass eine situative spielorientierte Aufgabenstellung in der kooperativen Projektarbeit eine ergebnisorientierte Entwicklung ermöglicht.

„Der Begriff des Spielens bezeichnet eine besondere, freiwillige Form menschl. Tätigseins und Handelns, die in Wechselbeziehung steht zur jeweiligen Kultur, zum Spielumfeld und seinen ökonom. Bedingungen, im Prinzip unabhängig ist vom Alter, Geschlecht und Rasse und durch Erfahrung modifiziert wird" (Röthig 1997: 406).

Die spielorientierten Bewegungs- und Ausdrucksformen können meines Erachtens eine ergebnisorientierte Entwicklung in den gruppendynamischen Prozessen steuern, die möglicherweise auch Gruppenmitglieder, welche aus anderen kulturellen Gesellschaften kommen, eine Mitgestaltung in der Gruppe ermöglicht. Dadurch könnten sprachliche Verständigungsprobleme spielerisch reduziert werden. Die Gruppenzusammensetzung und das Einhalten von Gruppenregeln sind nach Petter richtungsweisend und sollten gemeinsam festgelegt werden. Nach Petter (1994: Heft 3,6), der als Pädagoge und Psychologe am Sportinstitut bis 2005 an der Universität in Mainz tätig war, hat der Leiter einer Gruppe die Aufgabe in seiner Vorbildfunktion, mit den Gruppenmitgliedern gemeinsam Gruppenregeln zu entwickeln und festzulegen, damit die gruppenspezifischen Aufgaben erfüllt werden können. Bei der Nichteinhaltung der Regeln sollte der Leiter den „Weg-Normen-Konflikt" vor dem „Ziel-Normen-Konflikt" bevorzugen, denn durch einen gemeinsamen und geeigneten Weg entwickeln sich weniger negative Gefühle bei den Gruppenmitgliedern.

Durch weitere Aussagen unterschiedlicher Pädagogen, Soziologen und Psychologen möchte ich weitere wissenschaftliche Aspekte im Rollenspiel gruppendynamischer Prozesse aufzeigen und die Vielfalt der möglichen Komplexität darstellen. Eine wissenschaftliche Differenzierung der kulturspezifischen Aspekte sollte zukünftig intensiver berücksichtigt werden.

Nach Hohmans (1950) erlangt der Teamleiter seinen Einfluss nur, wenn er sich den Regeln der Gruppe strenger unterwirft als die anderen Gruppenangehörigen. Er ist dadurch nicht die freieste, sondern die am wenigsten freie Persönlichkeit der Gruppe. Mit anderen Worten ist die Integrationsfähigkeit des Teamleiters von wichtiger Bedeutung zur Optimierung der Kommunikationsbereitschaft aller Teammitglieder.

Nach Hofstätter (1973: 355) hat der Leiter einer Gruppe immer aufs neue im Spiel von Angebot und Nachfrage seine Rolle zu erarbeiten bzw. zu erwerben. Wenn er nicht mehr seine Rolle bei den Gruppenmitgliedern positiv entwickelt, erleben die Geführten einen Zustand der Unterdrückung.

Aus psychologischer und sozialpsychologischer Sicht kann es nicht darum gehen, die „Tabuisierung der Emotionsäußerungen" zu unterstützen. Die Angst und auch der Stolz sind elementar und sollten auch in Bildungseinrichtungen eine besondere Chance der respektvollen Darstellung bekommen. (Allmer 1988: 178)

„Jeder spielt mehrere Rollen, von denen für ihn manche wichtiger sind als andere; es gibt beherrschendere Persönlichkeitszüge, [...]; daneben gibt es das Körperbild und das ideale Selbst, die aus verschiedenen Elementen bestehen können" (Argyle 1972: 350). Die frühkindliche Deprivation ist die Frustration wichtiger Grundbedürfnisse. Wenn gesunde Neugeborene die Befriedigung wichtiger Grundbedürfnisse nicht erhalten, werden sie seelisch krank und leiden später als Erwachsene unter Entbehrungserlebnissen ihrer Kindheit. Viele Kinder, die eine hohe Aggressivität zeigen, wie zum Beispiel schlagen, kratzen, und treten, können eine Verletzung des „Körper-Ich" erfahren haben. Die Frustration ist die Nichterfüllung einer positiven Erwartung. (Petter 1994: Heft 15, S.8 und Heft 6, S. 8-9)

Wichtige Erkenntnisse und weitere Differenzierungen in der Motivationspsychologie

Die Motivationspsychologie forscht nach den Ursachen der Motivationssteigerung und differenziert die Motivationsebene in den Hedonismus und Kognitivismus. Der Hedonismus geht davon aus, dass die eigentlichen Antriebskräfte aller Handlungsausführungen ausschließlich emotional begründet sind. Wichtige Vertreter dieser Theorie sind Murray, Atkinson und McClelland, die die hedonistische Theorienbildung entwickelt

haben. Die vier hedonistischen Grundmotive sind das Lusterhaltungsmotiv (Erhaltung angenehmer Motive), das Unlustbeseitigungsmotiv (Beseitigung unangenehmer Gefühle), das Lustbeschaffungsmotiv (Erreichung angenehmer Gefühle) und das Unlustvermeidungsmotiv (Vermeidung unangenehmer Gefühle). Der Kognitivismus ist der Gegenbegriff zum Hedonismus und wird auch nach Weiner (1971) als „kognitive Wende" bezeichnet. Die Ursachen der Motivation sind keine Emotionszustände, sondern kognitive Faktoren und die Erlangung von Informationen zur Motivationssteigerung. Weitere Vertreter dieser Theorie sind Heckhausen und Meyer.
Nach Heckhausen (1989), der als Pädagoge arbeitet, ist die aktuelle Motivation für das Handeln wichtig. Aus der großen Vielzahl von Wünschen, wählt der Handelnde für sich bedeutsame aus, die er auch mitgestalten und erfüllen kann. Der Weg vom Wünschen, über das Wählen zum Wollen ist intrinsisch motiviert.

Eigene Beobachtungen
Das Verhalten, ein Teilgebiet der Psychologie, steht in Interaktion mit erlebten Situationen, die möglicherweise langfristig auch Verhalten beeinflussen könnten. Wenn allerdings Verhalten tendenziell durch Erbanlagen vorbestimmt wird, dann ist durch Oberflächlichkeit in erlebten Situationen eine langfristige Beeinflussung wohl kaum möglich. Falls jedoch Verhalten in Interaktion mit erlebten Situationen steht, dann besteht die Chance, dass durch die Summe aller intensiven Erlebnisse eine langfristige Beeinflussung des Verhaltens denkbar erscheinen könnte und somit relativ überdauernde Personeneigenschaften formbar werden bzw. auch durch extreme und intensive Schlüsselerlebnisse neue Verhaltensweisen sich entwickeln könnten. In der Beobachtung einer Intensivklasse (Flüchtlings-

kinder im Alter von 11 bis 15 Jahren aus Afghanistan und Syrien) konnte ich extreme emotionale Auffälligkeiten (z.B. Aggressionen und emotionale Kälte) bei einigen Kindern im Sportunterricht feststellen. Die Flucht aus den Kriegsgebieten kann meines Erachtens nicht mit den pädagogischen und psychologischen Methoden an einem Gymnasium verarbeitet werden. Hier müssten mehr Psychologen und weitere Experten früher aktive Betreuung leisten.

Die nonverbale Kommunikation
Die allgemeinen Kenntnisse über die Körpersprache können meiner Meinung nach eine Tendenz in der Inszenierung von Körperlichkeit bei Teammitgliedern in der Arbeitswelt aufzeigen. Teamleiter befinden sich oft in extremen Situationen und müssen in der Steuerung zur Erreichung der definierten Ziele oft eine Rolle spielen, die wiederum im Spannungsfeld zwischen innerer Überzeugung und äußerer Darstellungsnotwendigkeit liegen kann. Eine emotionale Erregung kann unter Umständen viel Körperbewegung erzeugen, die möglicherweise Nervosität oder auch Unsicherheit ausstrahlen könnte. Mit den nachfolgenden Aussagen möchte ich die Wirkungen der nonverbalen Kommunikation darstellen und mögliche Ausdrucksformen zur Unterstützung der Kommunikation aufzeigen, um eine zielorientierte Entwicklung nachhaltig steuern zu können.

Nach Argyle (1972: 100-118) macht ein starrer und ausdrucksloser Gesichtsausdruck, aber auch ablehnende Handbewegungen eine erfolgsorientierte Kommunikation fast unmöglich. Der Gesichtsausdruck kann positive oder auch negative Einstellungen anzeigen, aber möglicherweise auch Verwirrung bzw. Überraschung ausstrahlen.

Nach Rosenfeld (1966: 65-72) nicken Menschen mit dem Kopf, die Beifall suchen. Personen, die einen Beifall vermeiden, schütteln sehr oft mit dem Kopf. Weiterhin sind wichtige Erkennungsmerkmale der Körpersprache, wie die Personen zueinander sitzen und welchen räumlichen Abstand die Personen zueinander akzeptieren.

„Gleiche nichtverbale Signale können in zwei Kulturen recht verschiedene Bedeutung haben und so Verwirrung stiften, wenn sie falsch angewandt werden. Die Zunge herauszustrecken bedeutet in manchen Gegenden Chinas eine Entschuldigung, in manchen Gegenden Indiens eine Art bösen Blick, in Tibet Ehrerbietung, […], und es ist eine Frechheit, wenn Kinder es in England tun. Zischen zeigt in Japan Ehrerbietung gegenüber Ranghöheren an, in England drückt man Verachtung damit aus. Auch die Bedeutung des Gesichtsausdrucks ist Variationen unterworfen: in vielen Ländern bedeutet ein Lächeln nicht, dass jemand glücklich ist" (Argyle 1972: 85).

Durch eigene Beobachtungen möchte ich feststellen, dass die Kleidung ein sichtbares Erkennungsmerkmal ist und soll möglicherweise eine gewünschte Gruppenzugehörigkeit darstellen. Die Berufskleidung unterstützt die Körpersprache und soll auch deutlich Führungskräfte von Mitarbeitern unterscheiden. Ein Oberarzt im Krankenhaus unterscheidet sich deutlich von einem Krankenpfleger und betreibt durch sein äußeres Erscheinungsbild nonverbale Kommunikation. Ein Oberkellner in einem Hotel wird sich meiner Meinung nach von anderen Kellnern bereits durch seine Kleidung gewollt sichtbar unterscheiden. Diese Kleidung soll sich positiv auf die Haltung des Oberkellners auswirken und dadurch sind auch die Entscheidungskompetenzen sichtbar festgelegt. Diese Beobachtung möchte ich durch das folgende Zitat von Argyle unterstützen.

„Es ist interessant einen Kellner den Speisesaal eines Hotels betreten zu sehen. Im Moment, da er durch die Tür tritt, geht mit ihm eine plötzliche Veränderung vor. Die Haltung seiner Schulter verändert sich, aller Schutz, alle Eile und Nervosität sind augenblicklich von ihm gefallen. Er gleitet mit feierlicher, priesterähnlicher Miene über den Teppich" (Argyle 1972: 371). Ein Dirigent ist meines Erachtens ein Meister der Inszenierung von Körperlichkeit, der durch nonverbale Kommunikation, aber möglicherweise auch durch Charisma, die Musiker und Sänger zu Höchstleistungen in der Darbietungszeit motiviert. Das spannungsvolle Miteinander und das sich entwickelnde Ergebnis in der musikalischen Darbietung wird durch den Beifall (auch eine Art der nonverbalen Kommunikation) der Zuhörer entsprechend belohnt. Diese Beobachtung möchte ich durch folgendes Zitat von Elias untermauern, denn er ist meines Erachtens ein interdisziplinär forschender Soziologe, der in unterschiedlichen Situationen die intrinsische Betrachtungsweise der Emotionspsychologie mit der Körperlichkeit in Einklang bringt.

„Die Kleidung, heißt es gelegentlich, ist gewissermaßen der Körper des Körpers. Man kann von ihr auf die Haltung der Seele schließen. […]. Es sind die Anfänge jener Betrachtungsweise, die man auf einer späteren Stufe als „psychologisch" bezeichnen wird" (Elias 1988: 101).

Eigene Hypothese:
Die Körpersprache kann durch Weiterbildungsseminare für Führungskräfte situativ sichtbar gemacht werden. Eine Kontrolle der Körpersprache ist nur bedingt möglich und die anderen Gesprächspartner können durch Sensibilität, Wahrnehmungsfähigkeit und Empathie die Echtheit der Aussagekraft

besser einordnen, um möglicherweise die Führungsfähigkeit der Führungskraft realistischer beurteilen zu können.

Gesundheitsentwicklung durch körperliche und soziale Wahrnehmungsfähigkeit

Als Lehrer und Sportpädagoge möchte ich deutlich machen, dass es in der „Interkulturellen Bildungsentwicklung" immer wichtiger wird, eine Sensibilität zur Körperlichkeit unter Berücksichtigung kultureller Aspekte durch situative Bewegungsaufgaben altersgerecht zu entwickeln. Die Gesundheitsentwicklung sollte kulturspezifische Aspekte berücksichtigen und dadurch möglicherweise eine soziale Wahrnehmungsfähigkeit mit gegenseitigem Respekt entwickeln können. Von August 2016 bis Juli 2017 habe ich als Lehrer an einem Gymnasium eine Intensivklasse im Fach Sport und Gesellschaftskunde (Politik) unterrichtet. Diese Beobachtungen werde ich in meiner Abhandlung an späterer Stelle differenziert einbringen. Das Unterrichten von Intensivklassen (zum Beispiel unterschiedliche Kinder aus Kriegsgebieten) zeigt in unserem Bildungssystem in Deutschland deutliche Grenzen der Integrationspolitik auf. Eine gemeinsame und nachhaltige Entwicklung der für mich notwendigen „Interkulturellen Bildungsentwicklung" ist leider auch aus den nachfolgenden Aussagen verschiedener Pädagogen und Soziologen nicht zu erkennen. Meines Erachtens sollten mehr Ethnologen sich aktiv in der Bildungspolitik einbringen und die kulturelle Vielfalt als eine Chance darstellen. In einer globalisierten Welt sollte die Bildungsentwicklung interdisziplinäre Aspekte und kulturelle Vielfalt situativ berücksichtigen.

Nach Hecker (1996: 97) gibt es eine breite Übereinstimmung darin, dass der Schulsport nicht nur eindeutig auf Gesundheit,

Prävention und Rehabilitation ausgerichtet sein kann, denn sonst wäre das Spielhafte in der sportlichen Bewegung im Verschwinden.

Nach Jerusalem (1997: 585) ist eine schulische Gesundheitsprävention dann nachhaltig, wenn das sozioemotionale Klima in der Schule mit der Förderung sozialer Fähigkeiten der Schüler in Einklang stehen, aber auch notwendige Änderungen sozialer Normen einbezieht.

Die Sportlehrer haben im Rahmen ihres Erziehungsauftrages eine besondere Einwirkungspflicht, eine positive Gesundheitswahrnehmung bei den Schülern zu wecken, die durch Steigerung der persönlichen Wahrnehmung der Körperlichkeit bei Bewegungsaufgaben im Sport, aber auch bei der theoretischen Vermittlung gesundheitsspezifischer Bildungsinhalte optimiert werden kann. Die kulturspezifischen Aspekte der Gesundheit und selbstverständlich religiöse Aspekte müssten meines Erachtens viel stärker berücksichtigt werden.

Nach Balz in Bös/Brehm (1998: 336) sollen die Schüler durch einen ganzheitlichen Ansatz in der sportlichen Bewegung ihre Körperreaktionen und psychischen Befindlichkeiten, aber auch soziale Zusammenhänge des Bewegungshandelns und zusätzlich ihre Umwelt als gesundheitlich wichtige Bedingung erfahren und durch Körperlichkeit begreifen.

Nach Petter (1994: Heft 1, 4-8) wirkt eine Zielerreichungspädagogik in den meisten Situationen positiv auf die Persönlichkeitsentwicklung der Schüler und Schülerinnen, weil Klarheit bezüglich der Lernziele positive und negative Rückmeldungen im Lernprozess ermöglichen und Sinnakzeptierung durch die SchülerInnen erfahren werden kann. Weiterhin kann durch definierte Zwischenziele in überschaubarer Zeit eine gemeinsame Entwicklung des Erfolges erreicht werden. Durch das gemeinsame Erarbeiten von Bewegungsaufgaben im Schulsport wird die Teamfähigkeit und die gegenseitige soziale Anerkennung in der Gruppe gefördert.

Sozialisation durch interaktive Glaubensgemeinschaften
In diesem Kapitel möchte ich die Notwendigkeit der gegenseitigen Anerkennung deutlich machen. In einer globalisierten Welt sollten meiner Meinung nach unterschiedliche Glaubensgemeinschaften gegenseitige Akzeptanz finden, damit sich eine Sozialisation zum Wohle der Gesellschaft entwickeln kann. Meines Erachtens sollte die Religionsfreiheit und die Einhaltung der Menschenrechte eine gegenseitige und respektvolle Ergänzung in der humanitären Entwicklung einer Gesellschaft darstellen.
Die nachfolgenden Aussagen sollen mögliche Probleme aufzeigen, die sich meines Erachtens bereits in der Kolonialzeit entwickelt haben. Die historischen Probleme sollten durch „Interkulturelle Bildungsentwicklung" aufgearbeitet werden. Die Suche nach gemeinsamen Lösungswegen ist meiner Meinung nach eine grundsätzliche Herausforderung in der Bildungspolitik zur „Interkulturellen Kompetenzentwicklung", damit die kulturelle Vielfalt sich als Chance entwickeln kann.
Nach King (1997: 25) wurden die Inselbewohner von den Missionaren als unwissende Wilde bezeichnet. Sie waren abergläubig und ihr Verhalten war triebhaft mit ungezügelter Sinnlichkeit geprägt. Jedoch waren die Gesellschaften Polynesiens genauso komplex wie unsere eigene gesellschaftliche Entwicklung. Ihre Kunst war genauso reich und wertvoll, die moralischen, ethischen und rechtlichen Kodexe waren genauso verbindlich.

Nach Mischung (2003 in Beer u. Fischer 2012: 231 – 233) haben viele unterschiedliche Völker eine eigene kulturelle Glaubensentwicklung mit eigenen Symbolen und Ritualen, die sie auch alltagsbezogen feiern. Die Rituale sind für alle menschlichen Gesellschaften bedeutsam, weil sie eine Sicherheit in den Übergängen der gesellschaftlichen Strukturentwicklung geben und kurzfristige durchbrochene Grenzen wieder schließen bzw. stabilisieren. Die notwendigen Grenzüberschreitungen, die zur Weiterentwicklung der Sozialisation erforderlich sind, können z.B. im Ritual des Lebenszyklus (Geburt – Jugendzeit – Volljährigkeit – Heirat – Familie gründen – Tod) erfahren werden.

Nach Gächter und Quack (1989: 528) sind in der geschichtlichen und kulturellen Glaubensentwicklung die Symbole und die Magie interaktiv eingebunden, sie können in unterschiedlichen Religionen für den Menschen eine andere Bedeutung haben und deshalb sollten Aussagen in allgemeiner Form über sie nicht formuliert werden. Jedoch könnte die kulturspezifische Differenzierung – Symbole und Magie – helfen, die Sichtweise der eigenen Kultur und Religion zu überdenken und neu zu bewerten.

Nach Weber (1920 in Reinhardt 1997: 712) ist wirtschaftliches Handeln in einem sozialen Umfeld (Gesellschaft, Kirche, Glaubensgemeinschaft) nur mit einem gemeinsamen Ethos erfolgreich und durch regelmäßige soziale Interaktionen kann sich eine angemessene Sinngebung entwickeln.

„Die soziale Interaktionsforschung hat uns gezeigt, wie Menschenbild revidiert werden muß, um seiner sozialen Natur gerecht zu werden. […], daß es angeborene Tendenzen gibt, auf andere zu reagieren, […] und das in jeder Kultur als Teil der gemeinsamen Lösung menschlicher Probleme Kommunikations- und Interaktionsmuster angesammelt werden“ (Argyle 1972: 419f.).

Das Wissen über andere Gesellschaften ist meines Erachtens der gemeinsame „Schlüssel zum Erfolg", um Probleme rechtzeitig erkennen zu können. Nicht nur das Erkennen ist wichtig, sondern auch das gemeinsame Suchen situativer Lösungswege. Dadurch können nachhaltig die Konfliktlösungen durch kulturelle Aushandlung entwickelt werden. Der Ethnologe als Kulturexperte sollte zukünftig noch intensiver die „Interkulturelle Bildungsentwicklung" aktiv als Führungskraft in unterschiedlichen Berufsgruppen unserer Gesellschaft mitgestalten und deutlicher in den Entscheidungsprozessen steuernd eingreifen. Die Einführung der Ethnologie in den Schulen und beruflichen Bildungsstätten könnte meiner Meinung nach die „Interkulturelle Orientierung" und eine bessere „Interkulturelle Bildungsentwicklung" nachhaltig mitgestalten.

Theoretischer Rahmen
In diesem Kapitel möchte ich erneut auf interdisziplinäre Betrachtungsweisen hinweisen.
Nach Mischung (2003 in Beer u. Fischer 2012: 220) hat der französische Soziologe Durkheim einen soziologisch-funktionalen Ansatz in seiner Theorie über das Verständnis der Religion. Die sakralen Symbole sind für die integrierten Mitglieder einer Glaubensgemeinschaft akzeptierte und kollektive Vorstellungen, die zur Stärkung der Gruppenzugehörigkeit eine absolute Autorität erforderlich machen. Nach Mischung (2003 in Beer u. Fischer 2012: 231-233) haben viele unterschiedliche Völker eine eigene kulturelle Glaubensentwicklung mit eigenen Symbolen und Ritualen, die sie auch alltagsbezogen feiern. Die „Seinsfrage" ist meines Erachtens von großer Bedeutung. Jede Glaubensentwicklung hat in ihrer Religion unterschiedliche Ansätze in der Bewältigung der Ängste im Leben, im Sterben und im Zeitraum nach dem Sterben. Bronislaw Malinowski

war Mitbegründer der „Social Anthropology" und postulierte die Trennung von Magie und Religion. In seiner Theorie über die Religion hat er einen persönlichen psychologischen Ansatz, der sich auch mit gesellschaftlichen Funktionen interdisziplinär auseinandersetzt.

Die „Interkulturelle Orientierung" setzt meines Erachtens eine gegenseitige Akzeptanz der kulturellen Unterschiede voraus, aber es ist auch anzustreben, dass über die Gemeinsamkeiten unterschiedlicher Zielsetzungen nachhaltig positiv diskutiert werden sollte.

„Das Bedürfnis nach Anerkennung kultureller Differenz scheint unterschiedlich gewichtet zu sein: die Mitglieder der Mehrheitskultur tendieren dazu, kulturelle Andersheit zu ignorieren oder abzulehnen, wohingegen unter Angehörigen von Minderheitskulturen das Bedürfnis vorherrscht, kulturelle Differenz zu markieren und hervorzuheben und für ihr Anderssein Anerkennung zu finden" (Moosmüller 2011: 279).

„Die interkulturelle Orientierung hat eine strategische Funktion. Darunter wird eine sozialpolitische Haltung von Personen beziehungsweise von Institutionen verstanden, die anerkennt, dass unterschiedliche Gruppen mit unterschiedlichen Interessen in einer Stadtgesellschaft leben und dass diese Gruppen sich in ihren Kommunikations- und Repräsentationsmitteln unterscheiden. [...]. Sie ist auch Grundlage dafür, dass eine selbstreflexive Haltung gegenüber der eigenen Kultur eingenommen werden kann. [...] Interkulturelle Öffnung ist die handelnde Umsetzung der interkulturellen Orientierung" (Spohn 2009: 148; s. Integrationskonzept der Landeshauptstadt München).

„In Schulen und Kindergärten zeigt sich der demographische Wandel am ehesten. In manchen Kindergärten in München verfügen über 80% der Kinder über Migrationshintergrund. Im

Schuljahr 2005 hatten über 50% der in München eingeschulten Kinder mindestens ein nichtdeutsches Elternteil. Dieser Trend ist auch in anderen deutschen Großstädten ablesbar" (Spohn 2009: 151).

Nach Spohn (2009: 148) sind die Kommunen die Dienstleister aller Bevölkerungsanteile. Auch die 15% der Bevölkerung mit Migrationshintergrund haben das Recht, die Dienstleistungen angemessen zu erhalten. Durch die politischen Zielvorgaben ist die „Interkulturelle Orientierung" und die Öffnung der Verwaltung nicht nur Lippenbekenntnisse in der verantwortlichen und ergebnisorientierten Politik, sondern Zielverfolgung einer zuverlässigen Integrationspolitik.

Die Kommunikation ist ein wechselseitiges Verstehen von Partnern, die durch ihre Empathie kulturspezifisches und kulturübergreifendes Wissen respektvoll darstellen und dadurch eine Voraussetzung für „Interkulturelle Kompetenz" als Ergebnis „Interkulturellen Lernens" schaffen. (Bertels 2004: 24 – 25)

Meines Erachtens ist auch die gesundheitsorientierte Bildungsentwicklung in allen Bereichen der Prävention von grundlegender Bedeutung und müsste auch noch stärker durch kulturspezifische Aspekte gestaltet werden.

„Es darf nicht sein, dass, wie eine Untersuchung von 350 Trierer Kindern, wegen Skelettschäden, Fettleibigkeit und Herz-Kreislaufproblemen jedes zweite bis dritte Kind zur Behandlung an einen Facharzt überwiesen werden müsste, so Landesgeschäftsführer der BARMER – Ersatzkasse, Jürgen Rothmaier" (Sport Inform 13-2000: 22).

Nach Kurz/Tietjens in Bös/Brehm (1998: 105) ist die Selbsteinschätzung von Kindern über ihre sportliche Leistungsfähigkeit und die Beurteilung durch eine Sportnote von bedeutender

Wichtigkeit für ihren Gesundheitszustand, denn wer sich für weniger sportlich hält, mit einer schlechten Note beurteilt wird, der ist weniger mit sich zufrieden und treibt dadurch weniger Sport.

„Angesichts der wachsenden Bewegungsarmut müssen alle Möglichkeiten genutzt werden, mit einem attraktiven Angebot – und dazu gehört der Sportabzeichen-Wettkampf – möglichst viele Kinder und Jugendliche für das Sportabzeichen zu begeistern, so Staatssekretär Ahnen in Mainz" (Sport Inform 13-2000: 22). Meiner Meinung nach sollten Wissenschaftler unterschiedlicher Fakultäten (Ethnologie, Pädagogik, Psychologie, Soziologie, Medizin, Lehrer und Sportwissenschaftler, um nur einige zu nennen) gemeinsame Arbeitsfelder suchen und zielorientierte Inhalte festlegen, damit sich in den unterschiedlichen Lebensbereichen (Kultur, Vereine, Bildung, Gesundheit, Ausdrucks- und Bewegungsformen, Arbeitswelt, Glaubensgemeinschaften, usw.) einer globalisierten Gesellschaft weitere Lösungsmöglichkeiten zur „Interkulturellen Bildung" entwickeln können. In den unterschiedlichen Bildungskonzepten der Bundesländer werden kulturspezifische Aspekte im Bereich der Religion, der Körperlichkeit, der Begegnungsrituale und der Gesundheitsprävention nicht ausreichend berücksichtigt, sodass Konflikte im täglichen Zusammenleben zunehmen.

Die „Interkulturelle Kommunikation" und „Interkulturelle Kompetenz"
Es wurde eine Befragung mit Fragebogen vom September 2016 bis März 2017 in verschiedenen sozialen Gruppen/ Berufsgruppen (Lehrer, Erzieher, Trainer in Sportorganisationen, Oberstufenschüler, Studenten) durchgeführt, um die Häufigkeiten wichtiger Merkmale zur „Interkulturellen Orientierung" zu

ermitteln. Es wurden insgesamt 285 Fragebögen verteilt. Im Rücklauf wurden 199 Fragebögen ausgefüllt. Eine Beteiligung von ca. 70% ist für eine empirische Erhebung ein gutes Ergebnis. An die Gruppe der Lehrer wurden 42 Bögen verteilt und 24 (ca. 57%; 13 Frauen und 11 Männer) ausgefüllte Bögen zurückgegeben. Die Kontrollgruppe (ohne berufliche Zuordnung) erhielt 28 Fragebögen und im Rücklauf konnten 21 (ca. 75%; 13 Frauen und 8 Männer) Bögen ausgewertet werden. Die Gruppe der Studenten erhielt 75 Fragebögen, der Rücklauf mit 70 (ca. 93%; 47 Frauen und 23 Männer) Bögen war sehr gut. An die Gruppe der Oberstufenschüler wurden 60 Fragebögen verteilt und auch dieser Rücklauf mit 54 (ca. 90%; 43 Mädchen und 11 Jungen) ausgefüllten Bögen war ebenfalls sehr hoch. Die Gruppe der Trainer in Sportorganisationen erhielt 25 Fragebögen und der Rücklauf mit 17 (ca. 68%; 6 Frauen und 11 Männer) ausgefüllten Bögen war zufriedenstellend. Die Gruppe der Erzieher im Kindergarten ist im Rücklauf mit 13 Fragebögen (ca. 23%; 12 Frauen und 1 Mann) nicht zufriedenstellend, denn es wurden 55 Fragebögen in 5 Kindergärten verteilt.

**Auswertung der empirischen Erhebung:
Was verstehen Sie unter „Interkultureller Kommunikation"?**

Die Kontrollgruppe:
Männer:
Die befragten Männer gaben zu ca. 38% die „Verständigung zwischen verschiedenen Kulturen" an. Mit ca. 30% war die „verbale Verständigung mit anderen Kulturen" wichtig. Für ca. 16% war allgemein die „Begegnung der Menschen anderer Kulturen" ein Merkmal der „Interkulturellen Kommunikation" und ca. 16% haben noch keine Vorstellung und konnten deshalb diese Frage nicht beantworten.
Frauen:
Die befragten Frauen gaben zu ca. 50% die „Verständigung zwischen verschiedenen Kulturen" an. Für ca. 33% war allgemein die „Begegnung der Menschen anderer Kulturen" ein Merkmal der „Interkulturellen Kommunikation". Mit ca. 17% war die „verbale Verständigung mit anderen Kulturen" wichtig.

Die Gruppe der Lehrer:
Männer:
Die befragten Männer gaben zu ca. 47% die „Verständigung zwischen verschiedenen Kulturen" an. Für ca. 38% war allgemein die „Begegnung der Menschen anderer Kulturen" ein Merkmal der „Interkulturellen Kommunikation". Mit ca. 15% war die „verbale Verständigung mit anderen Kulturen" wichtig.
Frauen:
Die befragten Frauen gaben zu ca. 60% die „Verständigung zwischen verschiedenen Kulturen" an. Für ca. 35% war allgemein die „Begegnung der Menschen anderer Kulturen" ein Merkmal der „Interkulturellen Kommunikation". Mit ca. 5% war die „verbale Verständigung mit anderen Kulturen" wichtig.

Gruppe der Erzieherinnen:
Die befragten Erzieherinnen gaben zu ca. 52% die „Verständigung zwischen verschiedenen Kulturen" an. Für ca. 33% war allgemein die „Begegnung der Menschen anderer Kulturen" ein Merkmal der Interkulturellen Kommunikation". Mit ca. 15% war die „verbale Verständigung mit anderen Kulturen" wichtig.

Die Gruppe der Trainer in Sportorganisationen:
Männer:
Die befragten Männer gaben zu ca. 43% an, dass für sie die „Begegnung der Menschen anderer Kulturen" ein Merkmal der „Interkulturellen Kommunikation" ist. Sie gaben ca. zu 29% die „Verständigung zwischen verschiedenen Kulturen" als weiteres Merkmal an. Mit ca. 28% war die „verbale Verständigung mit anderen Kulturen" wichtig.
Frauen:
Die befragten Frauen gaben zu ca. 46% die „Verständigung zwischen verschiedenen Kulturen" an. Für ca. 36% war allgemein die „Begegnung der Menschen anderer Kulturen" ein Merkmal der „Interkulturellen Kommunikation". Mit ca. 18% war die „verbale Verständigung mit anderen Kulturen" wichtig.

Die Gruppe der Oberstufenschüler:
Männer:
Die befragten Männer gaben zu ca. 46% die „Verständigung zwischen verschiedenen Kulturen" an. Mit ca. 38% war die „verbale Verständigung mit anderen Kulturen" wichtig. Für ca. 16% war allgemein die „Begegnung der Menschen anderer Kulturen" ein Merkmal der „Interkulturellen Kommunikation".

Frauen:
Die befragten Frauen gaben zu ca. 56% die „Verständigung zwischen verschiedenen Kulturen" an. Für ca. 28% war allgemein die „Begegnung der Menschen anderer Kulturen" ein Merkmal der „Interkulturellen Kommunikation". Mit ca. 16% war die „verbale Verständigung mit anderen Kulturen" wichtig.

Die Gruppe der Studenten:
Männer:
Die befragten Männer gaben zu ca. 53% die „Verständigung zwischen verschiedenen Kulturen" an. Mit ca. 27% war die „verbale Verständigung mit anderen Kulturen" wichtig. Für ca. 20% war allgemein die „Begegnung der Menschen anderer Kulturen" ein Merkmal der „Interkulturellen Kommunikation".
Frauen:
Die befragten Frauen gaben zu ca. 46% die „Verständigung zwischen verschiedenen Kulturen" an. Mit ca. 28% war die „verbale Verständigung mit anderen Kulturen" wichtig. Für ca. 26% war allgemein die „Begegnung der Menschen anderer Kulturen" ein Merkmal der „Interkulturellen Kommunikation".

Festlegung einer Rangfolge der empirisch ermittelten Merkmale:
Männer:
1. Rang: „Verständigung zwischen verschiedenen Kulturen" ca. **43,6%** im Mittel
2. Rang: „verbale Verständigung mit anderen Kulturen" ca. **28,7%** im Mittel
3. Rang: „Begegnung der Menschen anderer Kulturen" ca. **27,7%** im Mittel

Frauen:
1. Rang: „Verständigung zwischen verschiedenen Kulturen"
ca. **51,7%** im Mittel
2. Rang: „Begegnung der Menschen anderer Kulturen"
ca. **31,8%** im Mittel
3. Rang: „verbale Verständigung mit anderen Kulturen" ca.
16,5% im Mittel

Weitere Auswertung der empirischen Erhebung:
**Was verstehen Sie unter „Interkultureller Kompetenz"? (Zwei
Angaben sind möglich)**

Aus folgenden Möglichkeiten konnte gewählt werden!
□- habe zur Zeit keine Vorstellung (1) □- neugierig auf andere
Kulturen sein (2) □- Menschen aus anderen Kulturen besser
verstehen wollen (3) □- Menschen aus anderen Kulturen besser
verstehen können (4) □- der Andersartigkeit respektvoll begegnen (5) □- gegenseitige Akzeptanz der Herkunft (6)
□- Im Veränderungsprozess der Menschen sollte der gegenseitige Respekt die Energie zur kulturellen Aushandlung sein (7)
□- alle ausländischen Mitbürger unterschiedlicher Kulturen
können Sport (Bewegungsformen, Ausdrucksformen) in vielen
Vereinen betreiben und leisten mit der aktiven Teilnahme im
Trainingsprozess eine positive Integration im alltäglichen Miteinander (8)
□- sich in andere Menschen hineinversetzen können (Empathie) (9)
□- andere Aspekte können genannt werden (10)

Die Kontrollgruppe:
Männer:
Die befragten Männer gaben zu ca. 36% „der Andersartigkeit
respektvoll begegnen" (5) an. Mit ca. 21% wurde „Menschen
aus anderen Kulturen besser verstehen können" (4) angegeben.

Für ca. 15% war es wichtig darzustellen, dass „alle ausländischen Mitbürger unterschiedlicher Kulturen können Sport (Bewegungsformen, Ausdrucksformen) in vielen Vereinen betreiben und leisten mit der aktiven Teilnahme im Trainingsprozess eine positive Integration im alltäglichen Miteinander (8). Ich habe zur Zeit keine Vorstellung davon (7%). „Neugierig auf andere Kulturen Sein" (7%). „Menschen aus anderen Kulturen besser verstehen wollen" (7%). „Gegenseitige Akzeptanz der Herkunft" (7%).

Frauen:
Die befragten Frauen gaben zu ca. 31% „der Andersartigkeit respektvoll begegnen" an. Mit ca. 15% wurde „gegenseitige Akzeptanz der Herkunft" angegeben. Für ca. 15% war es wichtig den Aspekt (7) anzugeben; „Im Veränderungsprozess der Menschen sollte der gegenseitige Respekt die Energie zur kulturellen Aushandlung sein". „Menschen aus anderen Kulturen besser verstehen können" (4) (12%). „Sich in anderen Menschen besser hineinversetzen können (Empathie) (12%). „Alle ausländischen Mitbürger unterschiedlicher Kulturen können Sport (Bewegungsformen, Ausdrucksformen) in vielen Vereinen betreiben und leisten mit der aktiven Teilnahme im Trainingsprozess eine positive Integration im alltäglichen Miteinander" (8) (12%). „Menschen aus anderen Kulturen besser verstehen wollen" (3) (3%).

Die Gruppe der Lehrer:
Männer:
Die befragten Männer gaben zu ca. 36% „der Andersartigkeit respektvoll begegnen" (5) an. Mit ca. 40% wurde „Menschen aus anderen Kulturen besser verstehen können" (4) angegeben. Für ca. 5% war es wichtig darzustellen, dass „alle ausländischen Mitbürger unterschiedlicher Kulturen können Sport

(Bewegungsformen, Ausdrucksformen) in vielen Vereinen betreiben und leisten mit der aktiven Teilnahme im Trainingsprozess eine positive Integration im alltäglichen Miteinander" (8). „Neugierig auf andere Kulturen Sein" (5%). „Menschen aus anderen Kulturen besser verstehen wollen" (3) (9%). „Gegenseitige Akzeptanz der Herkunft" (5%).

Frauen:

„Menschen aus anderen Kulturen besser verstehen können" (4) (42%). Die befragten Frauen gaben zu ca. 17% „der Andersartigkeit respektvoll begegnen" an. „Sich in anderen Menschen besser hineinversetzen können (Empathie) (17%). „Menschen aus anderen Kulturen besser verstehen wollen" (3) (12%). Mit ca. 4% wurde „gegenseitige Akzeptanz der Herkunft" angegeben. Für ca. 4% war es wichtig den Aspekt (7) anzugeben; „Im Veränderungsprozess der Menschen sollte der gegenseitige Respekt die Energie zur kulturellen Aushandlung sein". „Alle ausländischen Mitbürger unterschiedlicher Kulturen können Sport (Bewegungsformen, Ausdrucksformen) in vielen Vereinen betreiben und leisten mit der aktiven Teilnahme im Trainingsprozess eine positive Integration im alltäglichen Miteinander" (8) (4%).

Gruppe der Erzieher im Kindergarten:
Frauen:

Die befragten Frauen gaben zu ca. 37% „der Andersartigkeit respektvoll begegnen" an. „Menschen aus anderen Kulturen besser verstehen können" (4) (17%). „Sich in anderen Menschen besser hineinversetzen können (Empathie) (13%). „Menschen aus anderen Kulturen besser verstehen wollen" (3) (13%). Mit ca. 8% wurde „gegenseitige Akzeptanz der Herkunft" angegeben. „Alle ausländischen Mitbürger unterschiedlicher Kulturen können Sport (Bewegungsformen, Ausdrucksformen) in vielen Vereinen betreiben und leisten mit der aktiven Teilnahme im Trainingsprozess eine positive Integration im alltäglichen Miteinander" (8) (8%). „Neugierig auf andere Kulturen sein" (2) (4%).

Gruppe der Trainer in Sportorganisationen:
Männer:
Mit ca. 23% wurde „Menschen aus anderen Kulturen besser verstehen können" (4) angegeben. „Sich in andere Menschen hineinversetzen können (Empathie) (9) (23%). Die befragten Männer gaben zu ca. 12% „der Andersartigkeit respektvoll begegnen" (5) an. „Neugierig auf andere Kulturen Sein" (12%). „Gegenseitige Akzeptanz der Herkunft" (12%). Für ca. 6% war es wichtig darzustellen, dass „alle ausländischen Mitbürger unterschiedlicher Kulturen können Sport (Bewegungsformen, Ausdrucksformen) in vielen Vereinen betreiben und leisten mit der aktiven Teilnahme im Trainingsprozess eine positive Integration im alltäglichen Miteinander (8). Ich habe zur Zeit keine Vorstellung davon (6%). „Im Veränderungsprozess der Menschen sollte der gegenseitige Respekt die Energie zur kulturellen Aushandlung sein" (7) (6%).
Frauen:
„Menschen aus anderen Kulturen besser verstehen können" (4) (27%). Die befragten Frauen gaben zu ca. 27% „der Andersartigkeit respektvoll begegnen" an. Mit ca. 19% wurde „gegenseitige Akzeptanz der Herkunft" angegeben. „Menschen aus anderen Kulturen besser verstehen wollen" (3) (9%). Für ca. 9% war es wichtig den Aspekt (7) anzugeben; „Im Veränderungsprozess der Menschen sollte der gegenseitige Respekt die Energie zur kulturellen Aushandlung sein". „Alle ausländischen Mitbürger unterschiedlicher Kulturen können Sport (Bewegungsformen, Ausdrucksformen) in vielen Vereinen betreiben und leisten mit der aktiven Teilnahme im Trainings-

prozess eine positive Integration im alltäglichen Miteinander"
(8) (9%).

Die Gruppe der Oberstufenschüler:
Männer:
Ich habe zur Zeit keine Vorstellung davon (22%). „Menschen
aus anderen Kulturen besser verstehen wollen" (3) (22%). Die
befragten Männer gaben zu ca. 17% „der Andersartigkeit respektvoll begegnen" (5) an. „Neugierig auf andere Kulturen
Sein" (2) (17%). Mit ca. 17% wurde „Menschen aus anderen
Kulturen besser verstehen können" (4) angegeben. „Sich in andere Menschen hineinversetzen können (Empathie) (9) (5%).

Frauen:
„Menschen aus anderen Kulturen besser verstehen können" (4)
(24%). Die befragten Frauen gaben zu ca. 17% „der Andersartigkeit respektvoll begegnen" an. Mit ca. 15% wurde „gegenseitige Akzeptanz der Herkunft" angegeben. „Menschen aus
anderen Kulturen besser verstehen wollen" (3) (11%). „Ich habe zur Zeit keine Vorstellung davon" (1) (10%). Für ca. 8%
war es wichtig den Aspekt (7) anzugeben; „Im Veränderungsprozess der Menschen sollte der gegenseitige Respekt die
Energie zur kulturellen Aushandlung sein". „Alle ausländischen Mitbürger unterschiedlicher Kulturen können Sport
(Bewegungsformen, Ausdrucksformen) in vielen Vereinen
betreiben und leisten mit der aktiven Teilnahme im Trainingsprozess eine positive Integration im alltäglichen Miteinander"
(8) (7%). „Neugierig auf andere Kulturen sein" (2) (7%). „Sich
in andere Menschen hineinversetzen können (Empathie)" (9)
(1%).

Gruppe der Studenten:
Männer:

Die befragten Männer gaben zu ca. 28% „der Andersartigkeit respektvoll begegnen" (5) an. Mit ca. 23% wurde „Menschen aus anderen Kulturen besser verstehen können" (4) angegeben. „Gegenseitige Akzeptanz der Herkunft" (6) (12%). „Menschen aus anderen Kulturen besser verstehen wollen" (3) (12%). „Im Veränderungsprozess der Menschen sollte der gegenseitige Respekt die Energie zur kulturellen Aushandlung sein" (7) (9%). „Sich in andere Menschen hineinversetzen können (Empathie) (9) (7%). „Neugierig auf andere Kulturen Sein" (5%). Für ca. 2% war es wichtig darzustellen, dass „alle ausländischen Mitbürger unterschiedlicher Kulturen können Sport (Bewegungsformen, Ausdrucksformen) in vielen Vereinen betreiben und leisten mit der aktiven Teilnahme im Trainingsprozess eine positive Integration im alltäglichen Miteinander (8). Ich habe zur Zeit keine Vorstellung davon (2%).

Frauen:

„Menschen aus anderen Kulturen besser verstehen können" (4) (24%). Die befragten Frauen gaben zu ca. 19% „der Andersartigkeit respektvoll begegnen" an. Mit ca. 16% wurde „gegenseitige Akzeptanz der Herkunft" angegeben. „Sich in andere Menschen hineinversetzen können (Empathie)" (9) (15%). „Menschen aus anderen Kulturen besser verstehen wollen" (3) (12%). „Neugierig auf andere Kulturen sein" (2) (6%). „Ich habe zur Zeit keine Vorstellung davon" (1) (4%). Für ca. 4% war es wichtig den Aspekt (7) anzugeben; „Im Veränderungsprozess der Menschen sollte der gegenseitige Respekt die Energie zur kulturellen Aushandlung sein".

Festlegung einer Rangfolge der festgestellten Merkmale (empirische Erhebung):
Männer:
1. Rang:... der Andersartigkeit respektvoll begegnen (5) **(25,8% im Mittel)**
2. Rang: Menschen aus anderen Kulturen besser verstehen können (4) **(24,8% im Mittel)**
3. Rang: Menschen aus anderen Kulturen besser verstehen wollen (3) **(10% im Mittel)**
4. Rang:... neugierig auf andere Kulturen sein (2) **(9,2 % im Mittel)**
5. Rang:...gegenseitige Akzeptanz der Herkunft (6) **(7,2% im Mittel)**
6. Rang:...sich in andere Menschen hineinversetzen können (Empathie) (9) **(7% im Mittel)**
7.Rang: Alle ausländischen Mitbürger unterschiedlicher Kulturen können Sport (Bewegungsformen, Ausdrucksformen) in vielen Vereinen betreiben und leisten mit der aktiven Teilnahme im Trainingsprozess eine positive Integration im alltäglichen Miteinander (8) **(5,6% im Mittel)**
8. Rang:... habe zur Zeit keine Vorstellung (1) **(5% im Mittel)**
9. Rang: Im Veränderungsprozess der Menschen sollte der gegenseitige Respekt die Energie zur kulturellen Aushandlung sein (7) **(1,8% im Mittel)**

Frauen:
1. Rang: ....der Andersartigkeit respektvoll begegnen (5) **(24,6% im Mittel)**
2. Rang: Menschen aus anderen Kulturen besser verstehen können (4) **(24,3% im Mittel)**
3. Rang: ...gegenseitige Akzeptanz der Herkunft (6) **(12,8% im Mittel)**
4. Rang: Menschen aus anderen Kulturen besser verstehen wollen (3) **(10% im Mittel)**

5. Rang: ... sich in andere Menschen hineinversetzen können (Empathie) (9) (9,7% im Mittel)
6. Rang: Im Veränderungsprozess der Menschen sollte der gegenseitige Respekt die Energie zur kulturellen Aushandlung sein (7) (6,7% im Mittel)
7.Rang: Alle ausländischen Mitbürger unterschiedlicher Kulturen können Sport (Bewegungsformen, Ausdrucksformen) in vielen Vereinen betreiben und leisten mit der aktiven Teilnahme im Trainingsprozess eine positive Integration im alltäglichen Miteinander (8) **(6,6% im Mittel)**
8. Rang: ...neugierig auf andere Kulturen sein (2) **(2,8% im Mittel)**
9. Rang: ... habe zur Zeit keine Vorstellung (1) **(2,3% im Mittel)**

Vergleicht man nun die Rangfolge der empirisch festgestellten Merkmale im Bereich der „Interkulturellen Kompetenz" zwischen den befragten Frauen und Männern, dann wird festgestellt, dass der 1. und 2. Rang keinen signifikanten Unterschied aufzeigt. Im 1. Rang legen sich beide Geschlechter für das Merkmal: „ ... der Andersartigkeit respektvoll begegnen (5)" **(Männer: 25,8% im Mittel und Frauen: 24,6% im Mittel)** fest. Im 2. Rang wird von beiden Geschlechtern das Merkmal: „Menschen aus anderen Kulturen besser verstehen können (4)" **(Männer: 24,8% im Mittel und Frauen: 24,3% im Mittel)** genannt. Im Merkmal „Menschen aus anderen Kulturen besser verstehen wollen (3)" ist bei den Männern der 3. Rang (10% im Mittel) und bei den Frauen (ebenfalls 10% im Mittel) der 4. Rang belegt.
Die Empathie (sich in andere Menschen hineinversetzen können) ist bei den Frauen im 5. Rang mit 9,7% im Mittel und bei den Männern im 6. Rang mit 7% im Mittel empirisch festge-

stellt worden. Im 7. Rang wurde bei beiden Geschlechtern das Merkmal: „Alle ausländischen Mitbürger unterschiedlicher Kulturen können Sport (Bewegungsformen, Ausdrucksformen) in vielen Vereinen betreiben und leisten mit der aktiven Teilnahme im Trainingsprozess eine positive Integration im alltäglichen Miteinander (8)" **(Männer: 5,6% im Mittel und Frauen: 6,6% im Mittel)** mit keinem signifikanten Unterschied festgestellt. Im 1. Rang, 2. Rang und 7. Rang gibt es eine Übereinstimmung der Merkmale im Bereich der „Interkulturellen Kompetenz" bei Frauen und Männern.

Feldforschung zur „Interkulturellen Orientierung" und Interviews zum Spannungsfeld einer „Intensivklasse", Fallbeispiel an einem Gymnasium
Beschreibung der Forschungsfelder
Die Stadt Langen hat zur Zeit ca. 38.500 Einwohner und eine sehr gute Infrastruktur. Alle hessischen Schulformen werden durch ein Gymnasium, einer additiven Gesamtschule, einer integrativen Gesamtschule, fünf Grundschulen und eine Schule für „Praktischbildbare" angeboten. Auch gibt es in allen Stadtteilen mehrere städtische und kirchliche Kindergärten, die die vorschulische Erziehungs- und Bildungsarbeit leisten und einen sehr guten Kontakt mit den Grundschulen pflegen. Langen lebt von der „Interkulturellen Vielfalt" und feiert jedes Jahr im Oktober ein großes Fest der „Interkulturellen Begegnung" in der Langener „Neuen Stadthalle". In der Stadthalle befindet sich die Stadtbücherei und die Stadthalle wird im Rahmen von Theater- und Musikangeboten ganzjährig genutzt.

Auszug über gesammeltes ethnographisches Material
Zur „Beobachtung"
Die Beobachtungen der Intensivklasse wurde im September bis Dezember 2016 im Rahmen des Sportunterrichts durchgeführt. Der Beobachtungstag war immer am Montag von 11.30 – 13.00 Uhr in der Sporthalle im Zeitraum vom 29.08.2016 bis Dezember 2016.
In der ersten Unterrichtsstunde (29.08.16) hatten sich die Schüler und Schülerinnen persönlich in deutscher Sprache vorgestellt. Nicht alle Schüler konnten vollständige Sätze sprechen, jedoch die meisten konnten ihren Namen, ihr Herkunftsland, ihre Lieblingssportart und ihr Alter mitteilen. Verschiedene Sportgeräte (Kletterwand, Ringe, Seile zum Klettern, Fußball, Basketball, Handball, Volleyball, Hockeyschläger, Badmintonschläger) wurden in deutscher Sprache vorgestellt. Alle Schüle-

rInnen waren freundlich, neugierig und wollten sich bewegen. Die Klasse konnte sich mit unterschiedlichen Bällen (Handball, Basketball, Volleyball, Fußball) spielerisch aufwärmen. Während des Aufwärmens in kleinen Gruppen (2 – 3 Personen) konnte ich erkennen, dass ca. 70% der SchülerInnen ein gutes Ballgefühl in den durchgeführten Sportarten zeigten. Jeder Schüler sollte mindestens einmal mit jedem Ball gespielt haben. Das Unterrichtsziel wurde leider nicht von allen Schülern an diesem Tag erreicht, weil einige nur Fußball und wiederum andere nur Basketball spielen wollten.

In der zweiten Sportstunde (05.09.16) wurden die Sportarten der ersten Stunde wiederholt und die Aufgabenstellung wurde nun von allen mit Erfolg erfüllt. Jeder spielte mal mit jedem Ball und die Schüler konnten ihre sportartspezifischen Fähigkeiten und Fertigkeiten zeigen. Nun wurde Badminton als neue Sportart eingeführt, die von fast allen mit Begeisterung und sportlichem Wettkampf durchgeführt wurde. Leider wurde eine Schülerin (14 Jahre) gewalttätig gegenüber einem Mitschüler (13 Jahre), indem sie einen gezielten Tritt (Kick) in Richtung Kopf durchführte. Der Schüler wisch aus und setzte ebenfalls einen Tritt (Kick) in Richtung Oberkörper des Mädchens. Beide scheinen Kampfsporterfahrung zu haben. Die Schüler wurden verwarnt, der Vorfall wurde der Klassenleitung mitgeteilt. Es wurde Fußball und Basketball in Mannschaften gegeneinander gespielt. Das Basketballspiel war bei einigen Schülern und Schülerinnen sehr aggressiv und körperbetont. Das Badmintonspiel war sportlich, wettkampforientiert und zielstrebig. Als neue Sportart wurde nun Gymnastik und Tanz eingeführt. Es wurden erste gemeinsame Tanzschritte in der Gruppe entwickelt. Viele Schüler wollten einige Schritte vorzeigen und es entwickelte sich eine positive dynamische Mitarbeit im Bewegungsfeld Gymnastik und Tanz.

Am 26.09.16 wurde nach dem Aufwärmen und der Gymnastik (jeder Schüler hatte eine Übung vorzuzeigen) wieder mit Begeisterung Badminton gespielt. Nun sollten die Schüler mit unterschiedlichen Partnern spielen. Die Aufgabenstellung wurde von allen Schülern erfolgreich und mit Freude durchgeführt. In der zweiten Sportstunde sollten im Tanzprojekt Volkslieder aus der Heimat getanzt werden. In den ersten 10 Minuten wurde viel diskutiert. Aber dann bildeten alle 14 SchülerInnen einen Kreis und mehrere Mädchen (3 Mädchen) und vier Jungen fingen an zu tanzen und die anderen SchülerInnen klatschten rhythmisch dazu. Die Musik und Tänze können sicherlich zur „Interkulturellen Verständigung" einen wichtigen Beitrag leisten. Bis Mitte Dezember 2016 wurden alle Sportarten mit den unterschiedlichen Bildungsinhalten spielerisch wiederholt und es entwickelte sich insgesamt eine positive soziale Struktur der Intensivklasse im Sportbereich.

Offene Interviews mit verschiedenen Lehrkräften der Intensivklasse
Eine Oberstudienrätin, die die Intensivklasse von August 2016 bis Juni 2017 im Fach Englisch unterrichtete, wurde im Juni 2017 durch ein offenes Interview zur Intensivklasse von mir befragt.

1. Frage: Wie ist das Arbeits- und Leistungsverhalten der Schüler und Schülerinnen in der Intensivklasse?
„Von den 6 Mädchen im Alter von 13 bis 15 Jahren gibt es in den sprachlichen Vorkenntnissen sehr große Unterschiede. Ein Mädchen (14 Jahre aus Afghanistan) kann nur schwach ausreichend Deutsch sprechen, hat aber ausreichende Englischkenntnisse und kann deshalb auch die Inhalte im Englischunterricht teilweise verstehen. Sie hat sehr viel Sozialkompetenz, ist sehr neugierig und unterstützt ihre Mitschülerinnen. Die männlichen

Mitschüler (3 Jungen aus Afghanistan und 5 Jungen aus Syrien, im Alter von 11 bis 15 Jahren) wollen keine Unterstützung durch die Mitschülerin erfahren. Das Leistungsvermögen bei den 8 Jungen ist ebenfalls sehr unterschiedlich und im Fach Englisch nur schwach ausreichend bis mangelhaft. Drei Schüler lenken sich ständig gegenseitig ab und stören andere beim Zuhören. Zwei der Mädchen sind sehr oft schnell unkonzentriert, schlafen im Unterricht oder stören den Unterricht durch Schwätzen. Von den 14 Intensivschüler/-innen sind 13 nicht für ein Gymnasium geeignet."

2. Frage: Wie ist das Sozialverhalten in der Intensivklasse?
„Die Mädchen haben untereinander einen guten respektvollen Umgang miteinander. Die afghanischen und syrischen Jungen beleidigen sich sehr oft und es kommt auch zu körperlichen Übergriffen. Gegenüber meiner Person sind nicht alle in ihrem Verhalten respektvoll und höflich. Drei Jungen scheinen ein großes Problem damit zu haben, dass sie von einer Frau unterrichtet werden."

3. Frage: Wie ist die Klassengemeinschaft und die Struktur der Intensivklasse?
„Wie in allen Klassen bilden sich auch in der Intensivklasse kleinere Gruppen, die zusammenhalten und auch ganz massiv gegen andere Gruppen vorgehen. Die Schüler sind zwischen 11 und 15 Jahre alt, haben teilweise sehr schwierige Lebensbedingungen in Deutschland, über ihre Fluchtursachen können sie nicht offen reden. Einzelne Schüler sind sehr neugierig, aber finden zu wenig Anerkennung. Mir ist leider nicht klar, nach welchen Kriterien diese Intensivklasse zusammengekommen ist. Das Schulamt in Offenbach sollte mehr Psychologen und Sozialarbeiter einstellen, die eine bessere Klassenstruktur der Intensivklassen erarbeitetn. Einige Schüler und Schülerinnen

dieser Intensivklasse werden nicht nur frustriert, sondern haben auch einen schlechten Start in unserem Bildungssystem, wenn sie erst nach einem Jahr erfahren werden, dass sie für diese Schulform (Gymnasium) nicht geeignet sind."

4. Frage: Werden Sie weitere Intensivklassen zukünftig unterrichten wollen?
„Wenn die Schulämter mehr Verantwortung in der Zusammenstellung der Intensivklassen zeigen, werde ich gerne auch zukünftig weitere Intensivklassen unterrichten."

Ein Studienrat wurde zur Intensivklasse im Fach Mathematik im Juni 2017 befragt.

1. Frage: Wie ist das Arbeits- und Leistungsverhalten im Fach Mathematik?
„Sie sind zwischen 11 und 15 Jahre alt, haben nur ganz wenige mathematische Vorkenntnisse.
Nur wenige können die Ansprüche einer 5. Klasse an einem Gymnasium in Mathematik erfüllen. Sie sind neugierig, aber auch nur kurze Zeit konzentriert und sehr schnell überfordert. Nur wenige können 90 Minuten lang mitarbeiten. Der Unterricht ist auch für mich sehr anstrengend, weil keiner mehr in der zweiten Doppelstunde zuhört."

2. Frage: Wie ist das Sozialverhalten in der Intensivklasse?
„Das Sozialverhalten ist schlecht. Sie halten sich nicht an Regeln, kommen immer viel zu spät in den Unterricht und machen in den ersten 10 bis 15 Minuten was sie wollen. Sie verlassen einfach kurz den Klassenraum, ohne sich abzumelden, Essen im Unterricht und wechseln ständig ihren Platz, weil sie nicht mehr neben ihrem Mitschüler sitzen wollen. Eine Trennung zwischen den Mädchen und Jungen ist deutlich zu erken-

nen. Einige Jungs können sich überhaupt nicht tolerieren, schreien miteinander herum und es kommt auch zur körperlichen Gewalt. Viele Schüler sind keine Gymnasialschüler und sollten meiner Meinung nach einer anderen Schulform zugeordnet werden.“

3. Frage: Werden Sie weitere Intensivklassen zukünftig unterrichten wollen?
„Wenn die Schulleitung andere Bedingungen mit den Schulämtern vereinbart, werde ich meinen pädagogischen Beitrag gerne leisten wollen.“

Der Klassenlehrer (vom Februar 2017 bis 30.06.2017), der das Fach Deutsch unterrichtete, wurde am 28.06. 2017 zur Intensivklasse befragt.

1. Frage: Was sagen Sie zur Struktur der Intensivklasse und welches Arbeits- und Sozialverhalten konnten Sie in fünf Monaten beobachten?
„Unterschiedliche Altersstufen können Konflikte fördern, denn manche der Intensivschüler sind bereits in der Pubertät und andere sind noch sehr kindlich. Die Altersspanne ist zwischen 11 bis 16 Jahre. Sie haben dadurch ganz unterschiedliche Interessen und Themenwünsche zum Beispiel bei Arbeitsblättern. Diese Heterogenität würde in regulären Klassen nicht bzw. nicht mehr so geplant werden. Mir ist leider nicht bekannt nach welchen Kriterien diese Intensivklasse zusammengesetzt wurde. Das Schulamt hat keine altersgerechte Planung der Klassenstruktur vorgenommen. Diese Struktur kann für die Intensivschüler nicht erfolgreich sein.“

2. Frage: Welche besonderen Konflikte konnten Sie erkennen?

„Ein Konfliktpotenzial birgt das Unterrichten mehrerer Intensivschüler gemeinsam mit ihren jüngeren oder älteren Geschwistern. So sind sie permanent nicht nur mit dem Lernen einer neuen Sprache oder eines neuen Faches beschäftigt, sondern treten auch durchgehend in einem Wettbewerb mit den Geschwistern, um gute Noten zu erhalten. Dabei konnte ein älterer Schüler beispielsweise nicht mit den Leistungen seines 3 Jahre jüngeren Bruders mithalten. Daraufhin reagierte der Ältere mit Arbeitsverweigerung und Frustration. Selbst Zuspruch und Motivation konnten ihn kaum aus dieser Situation herausführen. Auch das der jüngere Bruder im kommenden Schuljahr in die Regelklasse gehen wird und er nochmal in eine Intensivklasse für Fortgeschrittene gehen muss frustrierte ihn sehr. Auch hier reagierte er mit Beleidigungen und warf seinen Stuhl und Tisch um.“

3. Frage: Wie würden Sie das Lernverhalten und die Integrationsbereitschaft beurteilen?

„Sie sind neugierig, aber kennen keine westlichen bzw. deutsche Grundgedanken der Pädagogik und verstehen mitunter auch nicht, wieso Schläge und Gewalt keine Mittel im deutschen Schulsystem sind. Sie kennen dies jedoch aus ihren Herkunftsländern bzw. aus den Ländern, in denen sie während ihrer Flucht gelebt hatten. Auch erfahren sie teilweise Gewalt als Erziehungsmittel in der eigenen Familie. Dies wurde auch in Elterngespräche deutlich, in denen die Eltern ihre weitgehende Machtlosigkeit deutlich zum Ausdruck brachten und meinten, das „weiche Schulsystem“ sei an der negativen Verhaltensentwicklung schuld. Beispielsweise im Iran oder in Afghanistan sei der Schüler so nicht aufgefallen. Wobei die Eltern im gleichen Gespräch auch ähnliche Vorfälle in diesen Ländern berichteten. Da die Intensivschüler sich nicht immer verbal ausdrücken können, was sie stört, greifen sie auch zu

Gewalttätigkeiten und beleidigen andere Mitschüler oder auch die Lehrkräfte. Dieses Konfliktpotenzial mindert leider auch die Lernentwicklung in der Klasse. Ein weiteres Problem sind die sehr großen unterschiedlichen Bedürfnisse der SchülerInnen. Ein Schüler hat zum Beispiel eine anerkannte posttraumatische Belastungsstörung und befindet sich in Behandlung. Er benötigt eigentlich intensivere individuelle Unterrichtsbetreuung. Ein anderer Schüler benötigt psychologische Behandlung und dieser Schüler hält mit seinen Unterrichtstörungen die lernwilligen SchülerInnen ab etwas zu lernen. Dieser sieht die Schule als „Bühne“, um sich zu profilieren und den anderen etwas zeigen zu können, wie sehr er Mitschüler und Lehrkräfte provozieren kann. Dabei sucht er sich besonders die jüngeren oder schwächeren Mitschüler aus, um seine „Stärke“ ihnen gegenüber zu beweisen. Für ihn sind die pädagogischen Maßnahmen und Ordnungsmaßnahmen relativ harmlos. Lediglich, wenn ihm die „Bühne“ durch einen Schulverweis entzogen wird, ist es etwas langweilig zu Hause, da er dort niemanden beeindrucken kann.“

4. Frage: Wie könnte man die angespannte Situation in der Intensivklasse entschärfen?
„Nur mit einer Lehrkraft in der Klasse zu sein ist sehr schwierig, denn so kann viel weniger individuell auf die Schüler eingegangen werden. Es sollte immer möglich sein eine Doppelbesetzung in einer Intensivklasse zu haben. Dies bestätigte sich durch meine eigenen Erfahrungen. Die Klasse war viel ruhiger, Klassenregeln wurden besser eingehalten und es wurde besser gearbeitet. Leider kennen die SchülerInnen aus ihren Herkunftsländern kaum moderne pädagogische Methoden und haben da etwas Berührungsängste. Die Vorteile und Möglichkeiten dieser Form des Unterrichtens leuchtet ihnen nicht ganz ein, sie arbeiten nur bedingt und mit wenig Begeisterung am

Neuen mit. Selbst Gruppen- und Partnerarbeiten sind nicht immer unproblematisch. Am liebsten tragen sie selbst etwas vor oder arbeiten im Frontalunterricht.

5. Frage: Was sind für Sie die größten Probleme in der Intensivklasse?

„Die Zusammensetzung der Intensivklasse kann nicht zielorientiert sein. Bei vielen SchülerInnen fehlt eine situative Selbstdisziplin. Sie reagieren gereizt oder gewalttätig, wenn sie nicht die Regeln des Unterrichtsgeschehens vorgeben können und sie sich selbst an Regeln innerhalb der Klasse halten müssen. Innerhalb der Klasse sind verbale Beleidigungen fast an der Tagesordnung. Schwierig ist dies auch, weil viele SchülerInnen aus Afghanistan kommen und somit persisch oder arabisch können und sie sich dahingehend auch in diese Sprachen zurückziehen können, wenn sie keine Lust haben Deutsch zu sprechen. Zudem bleibt es der Lehrkraft weitgehend verborgen, was gesprochen wird. Alleine am Tonfall und der Reaktion der SchülerInnen kann man Rückschlüsse ziehen. Die meisten Beteiligten sprechen von Spaß, wenn sie sich gegenseitig beleidigen oder gewalttätig werden. Jedoch sind hier die Grenzen sehr fließend und nicht immer erkennbar. Für den einen ist es Spaß für den anderen schon zutiefst verletzend. Sie selbst können ihre Grenzen nicht immer definieren und deswegen können diese Konflikte ohne eingreifen der Lehrkraft schnell ausarten.“

Eine Studienrätin, die die Klassenleitung im Fach Deutsch unterstützte, wurde am 27.06.2017 zur Entwicklung der Intensivklasse befragt.

1. Frage: Wie beurteilen Sie das Sozial- und Arbeitsverhalten in der Intensivklasse?

„Große Schwankungen zwischen den SchülerInnen wie A und B, die sehr fleißig, ehrgeizig, höflich und anständig sind auf der einen Seite und SchülerInnen wie C, D, E, die sich an keine Regeln halten, respektlos, unverschämt und frech sind auf der anderen Seite. Bei fast allen SchülerInnen große Schwierigkeiten sich an das System Schule in Deutschland anzupassen (Pünktlichkeit, an Regeln halten, selbstständig arbeiten, Aufgaben erledigen). Sehr grober Umgang der SchülerInnen untereinander (ständig Beleidigungen, die ohne wirklichen Grund ausgesprochen werden, teilweise Anfeindungen gegenüber MitschülerInnen in der Klasse mit anderer Herkunft oder Religion, Aggressionen gegen Gegenstände, stehlen, Papier zerreißen, auf Tische kritzeln). Verhalten von Schüler C aufgrund traumatischer Ereignisse und Misshandlungen im Krieg, weshalb es ihm kaum möglich ist, produktiv am Unterrichtsgeschehen teilzunehmen. Insgesamt wenig Unrechtsbewusstsein bei den IntensivschülerInnen, sehen die Fehler nur bei den Lehrern bzw. der Schule und äußern oft sich ungerecht behandelt zu fühlen." „Aber: als ich jedoch in die Klasse ging und vorschlug, heimlich für die Klassenlehrerin Abschiedsgeschenke zu basteln, hat jeder SchülerInnen mitgemacht und sich Mühe gegeben, einen persönlichen Brief zu gestalten und etwas schönes zu basteln. Dankbarkeit gegenüber Menschen, die sich um sie bemüht haben, war also vorhanden, obwohl sich die im täglichen Umgang nicht immer gezeigt hat."

In einer Klassenkonferenz im Dezember 2016 wurde die Entwicklung der Intensivklasse besprochen und von den Fachlehrern festgelegt, dass eine altersgerechte Zuordnung der SchülerInnen in den Regelunterricht aus pädagogischen Gründen notwendig wird, um eine intensive und altersgerechte Integration der Schüler mit anderen MitschülerInnen zu ermöglichen. Im Vordergrund soll das Sozial- und Arbeitsverhalten aller

Schüler situativ beobachtet und beurteilt werden. Ab Juni 2017 sollte dann durch offene Interviews die Entwicklung der Schüler dokumentiert werden.

Ab Januar 2017 wurden alle Schüler der Intensivklasse altersgerecht den Regelklassen in den Fächern Sport, Englisch, Kunst Mathematik zugeordnet, um die Entwicklung der altersgerechten Integration zu ermöglichen. Die Fachlehrer im Bereich Englisch, Kunst, Mathematik und Sport waren bereit die Flüchtlingskinder in den Regelklassen aufzunehmen und die Herausforderung zur Integration anzunehmen. Besondere Schulungen wurden durch das entsprechende Schulamt leider nicht angeboten. Alle Schüler der Intensivklasse sollen ein Jahr unterrichtet werden, erhalten keine Leistungsnoten, sondern eine Beurteilung im Arbeits- und Sozialverhalten. Im Juni 2017 haben alle Flüchtlingskinder der ehemaligen Intensivklasse eine allgemeine Beurteilung erhalten. Die Empfehlung für eine geeignete Schulform wurde in Abstimmung mit dem Schulamt ausgesprochen.

Meines Erachtens – durch mehrere Gespräche mit anderen Fachlehrern bestätigt - war schon nach einigen Wochen erkennbar, dass einige Flüchtlingskinder für das Gymnasium nicht geeignet sind und es bestand leider nicht die Möglichkeit einer zeitnahen situativen Steuerung im Betreuungsprozess. In einigen Gesprächen mit den Fachlehrern war bereits im Oktober 2016 zu erkennen, dass für zweidrittel der SchülerInnen das Gymnasium eine Einbahnstraße sein wird. Für diese SchülerInnen wäre ein früherer Schulwechsel in eine andere Intensivklasse wahrscheinlich erfolgreicher gewesen. Diese SchülerInnen haben meiner Meinung nach mehrere Phasen der Frustration erlebt. Die Frustration ist die Nichterfüllung von positiven Erwartungen und könnte möglicherweise auch zu aggressiven Verhalten führen. Die antizipierte Frustration ist oftmals eine Ursache von psychologischen Erkrankungen.

Interviews mit den FachlehrerInnen der Regelklassen:
Fachlehrerin für Englisch: (zweites Halbjahr 2017; Interview am 26.04.17; Kl. 6a)
1. Bringt sich der Schüler der Intensivklasse in den Regelunterricht ein und wie ist seine Mitarbeit?
„Der Junge aus Afghanistan ist 12 Jahre alt, er bringt sich gut ein, fängt mit Englisch ganz neu an und muss mit Deutsch und Englisch zwei Fremdsprachen parallel erlernen. Er erhält von mir eigene Aufgaben, um Grundlagenwissen aufzubauen, für den mündlichen Spracherwerb (Aussprache, Betonung) vor dem Kennenlernen der Schriftbilder. Teils arbeitet er auch mit den Mitschülern an regulären Unterrichtsaufgaben und erhält von ihnen Zuspruch in der Auswertungsphase. Er ist motiviert seine Ergebnisse vorzulesen und erhält auch dadurch Anerkennung. Er hat gute Voraussetzungen, denn er ist von seiner Persönlichkeit her fleißig und auch mutig, was ihm bei den Lösungsansätzen der gestellten Anforderungen/ Aufgaben hilft. Dies ist ein klarer Vorteil, aber es ist auch fraglich, ob er nach dem Sommer in Klasse 7 weiter machen kann. Die Unterrichtsinhalte aus Klasse 5 und 6 sind zu umfangreich. Eine zweite Fremdsprache (Französisch, Spanisch oder Latein) wäre für ihn eine 3. Fremdsprache innerhalb von 14 Monaten. Diese Tatsache ist ihm wohl nicht zuzumuten.“

2. Wird der Intensivschüler von den MitschülerInnen akzeptiert und wie ist das Sozialverhalten untereinander?
„Die Klasse hat den Intensivschüler positiv aufgenommen, er wurde sofort eingegliedert und hat auch über sein Hobby „Fußball“ einige Bekanntschaften geschlossen. Eine Mitschülerin hat sich ihm sprachlich angenommen, da sie denselben af-

ghanischen Dialekt spricht. Jedoch erachtet die Klasse die Anwesenheitsbereitschaft des Intensivschülers als sehr ernst. Seine Fehlzeiten sind sehr hoch. Sie geben die Fehlzeiten sofort an den Klassenlehrer der Intensivklasse weiter und reden bei Fehlzeiten mit sehr ernstem Ton auf den Mitschüler ein, dass Schule wichtig ist und man nicht unentschuldigt fehlen darf. Die Klasse hofft, dass der Intensivschüler fest in die Klasse kommt, sobald die Intensivklasse komplett durchlaufen wurde. Das Sozialverhalten in der Klasse ist prima und der Intensivschüler scheint wohl Freunde gefunden zu haben. Er ist sehr offen, beliebt und geht auf seine MitschülerInnen zu. Neben ihm sitzen leistungsstarke MitschülerInnen, die ihm helfen und es ist wichtig, dass es gute SchülerInnen sind, so dass sie selbst im Unterricht nicht zu viel verpassen."

Fachlehrer für Sport: (zweites Halbjahr 2017; Interview am 26.04.17; Kl. 9c u. Kl. 9e)

1. Bringen sich die Schüler der Intensivklasse in den Regelunterricht ein?

„Der Schüler A (15 Jahre alt) bringt sich aktiv in den Sportunterricht spielerisch ein, hat eine gute Spielfähigkeit im Fußball und Basketball. Leider sind seine deutschen Sprachkenntnisse schwach ausreichend und es kommt oft zu Missverständnissen."

„Der Schüler B (14 Jahre alt) bringt sich weniger ein, ist aber sehr neugierig, fragt nach und möchte viel ausprobieren. Seine deutschen Sprachkenntnisse sind nicht ausreichend und er hat sich sehr schnell zurückgezogen."

2. Werden die zwei Intensivschüler von den Mitschüler/ -innen akzeptiert und wie ist deren Arbeits-, Sozialverhalten und deren Leistungsvemögen?

„Der Schüler B wurde von den Mitschülern der Klasse gut aufgenommen, sie haben ihn im Unterricht unterstützt, aber er war leider nicht bereit diese Hilfe anzunehmen. Nach einiger Zeit bekam er Probleme mit einigen Mitschülern und kam nach ca. 6 Wochen nicht mehr in den Unterricht. Sein Leistungsverhalten im Sport ist schwach befriedigend und sein Arbeitsverhalten wurde leider sehr schwach.“

„Der Schüler A wurde mitgenommen, aber es wurden keine aktiven Hilfestellungen angeboten. Der Schüler A ist freundlich, lächelt und scheint am Unterricht Spaß zu haben. Er kann sich auch sehr gut durch nonverbale Kommunikation situativ verständigen. Sein Leistungsvermögen im Sport ist gut, jedoch seine sprachlichen Kenntnisse sind zur Zeit für einen erfolgreichen Abschluss der gymnasialen Oberstufe nicht ausreichend. Eine Überforderung im Bereich der Sporttheorie ist deutlich zu erkennen. Er zeigt kein negatives auffälliges Verhalten im Sportunterricht.“

Fachlehrer für Sport: (zweites Halbjahr 2017; Interview am 26.04.17; Kl.7c, Kl.8e u. Kl.9b)

1. Bringen sich die Schüler der Intensivklasse in den Regelunterricht ein?

„Die Schülerin A (13 Jahre alt; Kl. 7c) hat sich selbst wenig eingebracht, nimmt aber aktiv am Unterricht teil. Sie hat sprachliche Probleme und kann sich nicht verständlich ausdrücken.“

„Die Schülerin B (14 Jahre alt; Kl. 8e) bringt sich gut ein, hat bereits gute Kenntnisse in der deutschen Sprache und kann Wünsche zum Unterricht verständlich formulieren.“

„Der Schüler C (15. Jahre alt; Kl. 9b) war dreimal im Unterricht und ist dann nicht mehr im Sportunterricht erschienen.“

2. Werden die zwei Intensivschüler von den Mitschüler/ - innen akzeptiert und wie ist deren Arbeits-, Sozialverhalten und deren Leistungsvermögen?

„Die Schülerin A wurde von ihren Mitschülern am Anfang aufgenommen, aber nach einigen Wochen gab es einen Wandel im gegenseitigen Sozialverhalten. Die Gründe für diesen Wandel konnte ich nicht erfragen. Das Arbeitsverhalten der Schülerin A wurde schlechter und ich würde es als schwach befriedigend bewerten. Diese Schülerin zeigte immer weniger Interesse am Sportunterricht. Bei Sportprüfungen bemühte sie sich sehr und zeigte Willenskraft. Nach meiner Einschätzung ist sie für eine gymnasiale Oberstufe durchaus geeignet. Ihre Lernentwicklung ist zur Zeit noch schwach befriedigend. Ihre sprachlichen Defizite sollte sie durch außerschulische Sprachförderung längerfristig abbauen.“

„Die Schülerin B wird von allen Mitschülern sehr gut aufgenommen. Alle Mädchen waren bereit zu helfen und auch die Jungen haben sie akzeptiert. Durch die guten Sprachkenntnisse konnte sie den Unterricht sehr gut verfolgen und sogar aktiv mitgestalten. Ihre Lernentwicklung ist sehr gut, es kam zu keiner Überforderung. Sie ist keine gute Sportlerin. Sie ist eine neugierige, freundliche und hilfsbereite Schülerin und wird sicherlich einen guten Abschluss in der gymnasialen Oberstufe erzielen.“

Fachlehrerin für Englisch: (zweites Halbjahr 2017; Interview am 26.04.17)

1. Bringt der Schüler sich im Unterricht ein (Kl. 6e)?

Der afghanische Junge (11 Jahre) bringt sich aktiv in den Unterricht ein, er ist neugierig und kontaktfreudig. Seine deutschen Sprachkenntnisse sind bereits befriedigend, er versucht sich mit guter Körpersprache zusätzlich zu verständigen. Seine Englischkenntnisse sind schwach ausreichend.

2. Wird er von den Mitschülern akzeptiert?

Er wird aktiv aufgenommen, seine Mitschüler betreiben aktive Kommunikation und sie helfen ihm beim Übersetzen von Texten. Er hat zwei Mitschüler, die ihm im Unterricht ständig helfen.

3. Was können Sie zu seinem Arbeits- , Sozialverhalten und zur Leistungsfähigkeit sagen?

Er ist im Unterricht bemüht, die mündliche Mitarbeit ist aktiv. Die Hausaufgaben werden fast immer bis zum nächsten Unterricht erledigt. Bei Klassenarbeiten ist eine deutliche Konzentrationsschwäche zu erkennen. Die anderen Mitschüler dürfen bei Klassenarbeiten nicht helfen. In dieser Situation ist eine Überforderung zu erkennen. Er hat ein gutes Sozialverhalten und versteht sich sehr gut mit zwei Mitschülern, die mit ihm auch gemeinsam Fußball im Verein spielen. Weitere Sozialkontakte zu anderen Mitschülern sind nicht sichtbar.
Nach ca. einer Stunde Unterricht wird er sehr oft unkonzentriert und müde. Er stört nicht im Unterricht, jedoch ist die Lerngeschwindigkeit in der Klasse rückläufig. Nach meiner Einschätzung ist der Schüler für ein Gymnasium nicht geeignet. Sein Leistungsvermögen ist für eine 4. Klasse in der Grundschule befriedigend. Einen guten qualifizierten Hauptschulabschluss wird er sicherlich erfolgreich erzielen können. Sein Verhalten ist positiv, er ist neugierig und respektvoll.

Fachlehrer für Englisch: (zweites Halbjahr 2017; Interview am 07.06.17; Kl. 7a u. Kl. 7b)

1. Bringen sich die SchülerInnen im Unterricht ein (Kl. 7A und Kl. 7b)?

„Der Schüler A aus Afghanistan (14 Jahre alt) ist motiviert, er bemüht sich sehr, hat aber Verständnisprobleme, weil er schwach ausreichende Sprachkenntnisse in der deutschen Sprache hat und leider auch nur mangelhafte Englischkenntnisse besitzt."

„Die Schülerin B aus Süditalien (13 Jahre alt) ist nicht motiviert, bemüht sich wenig, obwohl sie befriedigende Sprachkenntnisse der deutschen und englischen Sprache besitzt. Sie stört den Unterricht ständig und ihre Mitarbeit ist mangelhaft."

2. Werden die SchülerInnen von den Mitschülern akzeptiert?

„Der Schüler A wird von seinen Mitschülern gut aufgenommen, er wird im Unterricht von einigen Schülern aktiv unterstützt und bekommt sogar Hilfestellung durch Mitschüler in der Gruppenarbeit."

„Die Schülerin B erfährt eine gewollte Distanz. Mit einigen Jungen redet sie intensiv im Unterricht. Der Gesprächsstoff ist aber leider nicht themenorientiert."

3. Was können Sie zu ihrem Arbeits- , Sozialverhalten und zur Leistungsfähigkeit sagen?

„Der Schüler A hat ein gutes Arbeitsverhalten, hat oft nachgefragt, ist neugierig, aber zeigt leider keine messbare Lernentwicklung. In den Pausen hat er kaum sozialen Kontakt zu seinen Mitschülern. Sein Leistungsvermögen ist sicherlich gut für eine Hauptschule oder auch für eine Realschule. Den Leistungsanforderungen eines Gymnasiums - im Fach Englisch - kann er zur Zeit nicht gerecht werden."

„Die Schülerin B hat ein schlechtes Arbeitsverhalten, kam oft sehr spät in den Unterricht, besitzt wenig Konzentrationsfähigkeit und zeigt kein Interesse am Unterricht. Ihre sprachlichen Kenntnisse würden durchaus für eine Realschule befriedigend sein. Sie wäre durchaus auch in der Lage auf einem Gymnasium erfolgreich sein zu können, wenn sie ihr Arbeitsverhalten intensiv ändert."

Fachlehrer für Sport: (zweites Halbjahr 2017; Interview am 19.06.17; Kl. 8b)
1. Wie bringt der Schüler sich im Unterricht ein?
„Der Schüler kommt aus Syrien (15 Jahre alt) und wollte immer mitspielen. Es gab keine Probleme in den Mannschaftssportarten (Fußball, Basketball und Hockey). Im Turnen und im Fitnesssport hat er sich etwas zurückgehalten, aber seine Motivation war auch in diesem Bereich durchaus positiv."

2. Wird der Schüler von den Mitschülern akzeptiert?
„Der Schüler ist sehr freundlich, beliebt und wird super aufgenommen. Er hat auch Freundschaften in der Klasse geschlossen, die auch außerhalb des Unterrichtes bestand haben.
Er trifft sich oft mit einigen Mitschülern nach der Schule."

3. Was können Sie zu seinem Arbeits-, Sozialverhalten und zur Leistungsfähigkeit sagen?
„Sein Arbeits- und Sozialverhalten ist vorbildlich. In seinem Leistungsverhalten ist er entwicklungsfähig, aber auch sehr zielorientiert. Von seiner allgemeinen Leistungsbereitschaft ist er auch kognitiv für ein Gymnasium durchaus geeignet:"

Fachlehrerin für Kunst: (zweites Halbjahr 2017; Interview am 21.06.17: Klasse 6b, Klasse 9e und in der E-Phase der Oberstufe)
1. Wie bringen sich die Schüler im Unterricht ein?
„Die SchülerInnen in den unteren Klassen (Kl. 5, Kl. 6) sind neugierig und haben aktive Fragen, die dadurch den Unterricht aktiv mitgestalten. In den oberen Klassen (Kl. 9 und Kl. 10) bringen sich die Intensivschüler nur selten aktiv ein."

2. Werden die Schüler der Intensivklasse von den Mitschülern akzeptiert?

„Es ist keine Ablehnung zu beobachten und durch aktive Hilfestellung wird in der 9. Klasse und in der 10. Klasse eine Integration versucht. In den unteren Klassen erfolgt eine sehr aktive Integration durch spielerische Projektarbeit.“

3. Was können Sie zum Arbeits-, Sozialverhalten und zur Leistungsfähigkeit sagen?

„Das Arbeitsverhalten ist in Ordnung und die Unterrichtsteilnahme sollte durch entsprechende Laufzettel organisatorisch verbessert werden. Eine Überprüfung und Steuerung der Unterrichtsteilnahme muss nachhaltig verbessert werden. Das Sozialverhalten ist in den oberen Klassen nicht akzeptabel, denn der Unterricht wird von den Intensivschülern geschwänzt und viele kommen sehr oft zu spät. Eine ausreichende Leistungsfähigkeit ist bei den meisten Intensivschülern nicht zu erkennen, denn es fehlen sehr viele Theoriebausteine im Fach. Die praktischen Aufgabenstellungen werden von allen Schülern der Intensivklasse gut ausgeführt und auch in Projektarbeiten sind gute Leistungen zu erkennen. Meines Erachtens müsste eine individuelle Betreuung erfolgen, um das Leistungspotenzial zu erkennen und entsprechend fördern zu können.“

Fachlehrer für Mathematik: (zweites Halbjahr 2017: Interview am 22.06.2017)

1. Bringen sich die Intensivschüler im Unterricht ein (Klasse: 7f) und wie ist deren Arbeitsverhalten?

„Beide Schüler sind aus Syrien und bringen sich nicht aktiv in den Unterricht ein. Beide können nur sehr wenig Deutsch sprechen und haben auch keine ausreichenden Kenntnisse in der Mathematik. Beide Intensivschüler können noch nicht das „Kleine Einmaleins“. Sie erhalten einige leichtere Aufgaben, um auch Erfolge in Mathematik zu haben. Beide Schüler sind zurzeit nicht in Mathematik für ein Gymnasium geeignet. Oft kommen Sie zu spät in den Unterricht oder bleiben sogar dem Unterricht fern. Der Grund für das Fehlen wird von den Eltern nicht mitgeteilt. Beide Schüler sollten eine individuelle Betreuung erhalten."

2. Werden die Schüler der Intensivklasse von den Mitschülern akzeptiert und wie ist das Sozialverhalten untereinander?

„Einige SchülerInnen sind bemüht und wollen Hilfestellung geben. Die meisten SchülerInnen sind jedoch zurückhaltend. Die beiden Intensivschüler lehnen eine Hilfestellung durch andere Schüler ab. Sie akzeptieren keine Projektarbeit und stören sogar oft den Unterricht. Sie grenzen sich aus und suchen keine sozialen Kontakte mit ihren MitschülerInnen. Das Klassenklima ist zeitweise sehr angespannt und das Unterrichten wird auch für mich schwierig. Es ist leider keine zufriedenstellende Unterrichtssituation."

3. Was sollte Ihrer Meinung nach anders laufen?

„Das Schulamt muss mehr Verantwortung in der Zusammensetzung von Intensivklassen zeigen. Meines Erachtens werden die Schüler willkürlich zusammengewürfelt. Viele von Ihnen sind noch nicht für ein Gymnasium geeignet. Es fehlen Lernstandserhebungen und eine Differenzierung nach Lernbereitschaft und Leistungsfähigkeit. Eine individuelle Betreuung durch Sozialpädagogen, Psychologen scheint mir von wichtiger Bedeutung zu sein, um auch negative Erfahrungen während der Flucht bzw. auch vor der Flucht aufarbeiten zu können. Derzeit können die beiden Schüler meines Erachtens keine schulischen Belastungen aushalten. Eine positive Integration erscheint mir unter diesen Umständen nicht möglich zu sein. Die Politik sollte in Abstimmung mit den Schulämtern realistische Konzepte entwickeln und weniger die Probleme auf die Schulen verlagern.“

Fachlehrerin für Englisch: (zweites Halbjahr 2017; Interview am 22.06.17; Kl.7e)

1. Bringen sich die Schülerinnen in den Englischunterricht ein?

„Beide Schülerinnen sind sehr wenig im Unterricht aktiv. Sie sehen verträumt aus und schauen oft zum Fenster hinaus. Beide Mädchen haben nur sehr geringe Deutschkenntnisse und im Englisch haben sie deutliche Lücken:“

2. Werden die Intensivschülerinnen von ihren Mitschülern akzeptiert?

„Die Jungen wollen keinen Kontakt aufbauen und die Mädchen sind hilfsbereit und machen Kontaktangebote. Die Intensivschülerinnen nehmen die Kontaktangebote nur sehr selten an und wollen meistens nur unter sich sein. Es ist leider keine Integrationsbereitschaft zu erkennen.“

3. Was können Sie zu ihrem Arbeits-, Sozialverhalten und zur Leistungsfähigkeit sagen?

„Die Schülerin A macht ihre Hausaufgaben, ist sehr fleißig, fragt aber kaum nach und scheint im Unterricht überfordert zu sein, ihre mündliche Mitarbeit ist schwach befriedigend. Die Schülerin B kann ich schlecht einschätzen, denn eine Kommunikation im Unterricht ist nicht vorhanden. Ihre Hausaufgaben werden nicht vorgelegt, aber auch nicht nachgereicht. Beide Schülerinnen haben außerhalb der Schule keinen Kontakt zu anderen Mitschülern. Die privaten Probleme scheinen bei der Schülerin A sehr groß zu sein, sie kommt nur noch selten pünktlich zum Unterricht. Die Schülerin B hat in den letzten 5

Wochen nicht mehr regelmäßig am Englischunterricht teilgenommen. Die Klassenlehrerin und auch die Schulleitung wurde darüber informiert. Eine psychologische Betreuung wurde vom Schulamt zugesagt. Eine persönliche Betreuung scheint mir bei beiden Schülerinnen notwendig zu sein."

Fachlehrerin für Deutsch: (zweites Halbjahr 2017; Interview am 22.06.17; Kl. 6b)
1. Wie bringt sich die Schülerin in der Regelklasse ein?
„Die Schülerin ist neugierig, engagiert, stellt viele Fragen und ist beliebt. Sie ist sehr konzentriert und macht aktiv im Unterricht mit.

2. Wird Sie von den Mitschülern akzeptiert?
„Die Mitschülerinnen haben Sie gut aufgenommen. Die Jungen haben eine Distanz zu ihr entwickelt, sind aber dennoch hilfsbereit während der Projektarbeit:"

3. Was können Sie zu ihrem Arbeits- , Sozialverhalten und zur Leistungsfähigkeit sagen?
„Ihr Arbeitsverhalten ist bei schwierigen Aufgaben manchmal hektisch und unruhig. Die Konzentration lässt mit zunehmender Zeit nach, sie kommt oft sehr spät zum Kernpunkt des Themas. Ihr schriftliches Niveau ist gut bis befriedigend, aber mündlich ist sie schwach ausreichend. Mit Zurechtweisungen kommt sie nicht klar und fühlt sich in dieser Situation oft angegriffen."

Im Rahmen der „Dichten Beschreibung" möchte ich folgende Aussagen festhalten:
Die bildungspolitischen Spannungsfelder im Bereich der Integration von Flüchtlingskindern sind durch die Interviews der Fachlehrer tendenziell sichtbar geworden. Einige Fachlehrer

können die Kriterien zur Festlegung der Intensivklassen nicht erkennen und kritisieren die konzeptlose Vorgehensweise des Kreisschulamtes. Leider scheint die „Interkulturelle Kompetenz" zur Förderung der „Interkulturellen Orientierung" in nicht allen Schulämtern ausreichend vorhanden zu sein. Hier sollte zukünftig ein Ethnologe ein spezielles Arbeitsfeld finden, um als Kulturexperte in der konzeptionellen Planung unterstützend und beratend wirken zu können. Möglicherweise haben einige Führungskräfte zu wenig Empathie für die kulturelle Verständigung in der bildungspolitischen Vielfalt der kulturellen Aushandlung. Die Integration von Flüchtlingskindern kann meines Erachtens nur dann erfolgreich durchgeführt werden, wenn ein nachhaltiges Konzept - unter Berücksichtigung kultureller Aspekte - in der Bildungsentwicklung mit Vertretern der entsprechenden Schulformen gemeinsam entwickelt werden. Die Einführung der „Ethnologie in der Schule" könnte ein Weg der positiven Steuerung in einer multikulturellen Gesellschaft darstellen. Meines Erachtens sind die Kultusminister der Länder als politische Führungskräfte in der Verantwortung und sollten die Rahmenbedingungen zur Konfliktlösung einleiten, um auch eine bildungspolitische Entwicklung zur Integration von Kindern und Jugendlichen zu ermöglichen.

Weitere Interviews in unterschiedlichen Bereichen der Gesellschaft:

Es wurden im Zeitraum September bis Oktober 2016 und im August bis Oktober 2017 in unterschiedlichen Einrichtungen (Schulen, Kindergärten, Senioren- und Jugendzentrum, Integrationsbüro der Stadt Langen und in Vereinen) Interviews mit Führungskräften durchgeführt, die Personal- oder Ergebnisverantwortung haben. Die Interviews sind alle anonym. Einer elektronischen Aufzeichnung wurde nicht zugestimmt.

Durch diese Befragung wollte ich auch politische Aspekte der „Interkulturellen Orientierung" erforschen. Durch die „Dichte Beschreibung" sollen Erkenntnisse gefunden werden.

Fragenkatalog („Roter Faden" in der Gesprächsentwicklung)

1.   Soziale Ebene: Geschlecht, Alter, letzter Schulabschluss, Hobbys?

2. Beruflicher Status und Wirkungsbereich: letzter Berufsabschluss, Aufgabenbereich, Angaben zur beruflichen Verantwortung (Sachbearbeiter; Führungsverantwortung?

3. Angaben zur interkulturellen Ebene: Welche Sprachen sprechen Sie? Welcher Religion gehören Sie an? Welcher Nationalität gehören Sie an? Haben Sie Kontakt zu anderen Nationalitäten? Haben Sie Freunde mit ausländischen Wurzeln, die in Deutschland leben? Haben Sie am Arbeitsplatz Kontakte zu Menschen mit anderen Nationalitäten? Sind Sie ehrenamtlich tätig? Wie empfinden Sie die gegenwärtigen Flüchtlingsströme in Europa? Wie könnte man die Flüchtlingsströme in Europa lösen? Was verstehen Sie unter „Interkultureller Kommunikation"? Was verstehen Sie unter „Interkultureller Kompetenz"? Was verstehen Sie unter „Interkultureller Orientierung"? Was verstehen Sie unter „Interkultureller Bildungsentwicklung"? Was halten Sie von einem Einwanderungsgesetz? Was können Sie zur Integrationspolitik in Deutschland sagen? Sollte das Asylgesetz modifiziert werden? Was sagen Sie zur Flüchtlingspolitik der europäischen Mitgliedsstaaten? Ist die Türkei ein Partner in der europäischen Flüchtlingspolitik? Was ist Ihr größter Wunsch in der Flüchtlingsdebatte?

Wichtige Informationen und differenzierte Aussagen der Informanten (Interviewpartner/-innen):
1. Informant (Informant am 23.08.2017): (8)

Ich bin 42 Jahre alt, bin Deutscher, katholisch und spreche Deutsch, Englisch und Französisch. Meine Hobbys sind meine Familie und Ski fahren. Ich arbeite in einer Bildungseinrichtung, bin auch Personalratsvorsitzender und habe Ergebnisverantwortung. Ich habe privat und beruflich Kontakt zu anderen Nationalitäten. Zur Zeit bin ich nicht ehrenamtlich tätig. In der Grundschule meiner Kinder sind sehr viele Flüchtlingskinder, die noch kein Deutsch sprechen können. Es gibt leider viele Probleme in der Verständigung, aber Kinder lernen untereinander sehr schnell und sind gegenseitig hilfsbereit. Die Flüchtlingsprobleme in Europa kann man nachhaltig nur dann lösen, wenn man die Fluchtursachen bekämpft, offene Kommunikation fördert, kein Redeverbot erteilt und respektvoll miteinander umgeht. Zur „Interkulturellen Orientierung" gehört neugierig auf andere Kulturen zu sein, gegenseitiges Interesse haben und auch miteinander kulinarische und musikalische Feste feiern. Ein Einwanderungsgesetz ist dann sinnvoll, wenn die Inhalte hilfreich sind und Orientierung durch definierte Spielregeln vermittelt wird. Vor 30 bis 40 Jahren gab es wenig Integration, man lebte nebeneinander her. In den letzten Jahren ist es in der zweiten und dritten Generation deutlich besser geworden, denn viele Kinder der Migranten sind in Deutschland geboren, sind zweisprachig aufgewachsen, haben durch die Schule und ihr soziales Umfeld eine gute Integrationsbereitschaft entwickelt, die für eine Integration eine wichtige Voraussetzung darstellt. Das Asylgesetz steht im Grundgesetz, sollte sich an die Veränderung in einer Gesellschaft anpassen und der Einzelfall muss immer im Rahmen des Gesetzes geprüft werden. Ich finde das Verhalten einiger EU-Staaten nicht gut. Wieder Grenzen bauen ist der falsche Weg. Europa muss in der Flüchtlingsproblematik mehr Zusammenhalt zeigen und gemeinsame Lösungen zur Flüchtlingsaufnahme entwickeln. Zur Türkei gibt es leider in der Flüchtlingspolitik keine Alternative. Wenn die Türkei die europäische Wertegemeinschaft (z.B. Menschenrechte einhalten, Pressefreiheit dokumentieren, usw.) inhaltlich ablehnt, kann die Türkei kein Partner für Europa werden. Mein größter Wunsch ist, kein Redeverbot aussprechen, offene Kommunikation, die Wahrheit sagen und die Fluchtursachen beseitigen.

2. Informant (Interviewpartner am 23.08.2017): (9)

Ich bin evangelischer Pfarrer, bin 54 Jahre alt und bin Deutscher. Meine Hobbys sind Lesen, Sport und Reisen. Zur Gemeindearbeit unterrichte ich noch zusätzlich Religion in der Schule. Ich habe privat und auch beruflich viel Kontakt zu anderen Nationalitäten. Zur Zeit bin ich nicht ehrenamtlich tätig. Ich bin über die Flüchtlingsströme in Europa sehr besorgt. Leider haben wir in der EU keine gerechte Flüchtlingsverteilung. Die Fluchtursachen sollten schnell beseitigt werden. Zur „Interkulturellen Orientierung" sollte man die Kulturen differenzierter betrachten, die eigene Kultur gut kennen und sich mit Achtung und Empathie begegnen. Man sollte neugierig sein, sich Wissen über andere Kulturen aneignen und mit gegenseitigem Respekt zusammenleben. Wir brauchen dringend ein Einwanderungsgesetz, weil das Asylgesetz nicht ausreichend ist. Die Integrationspolitik hat viele gute Ansätze, um die kulturellen Unterschiede zu würdigen. Eine Integrationsbereitschaft muss jedoch unbedingt vorhanden sein. Menschen, die verfolgt werden müssen immer von den EU-Ländern Asyl bekommen. Das Sichern der europäischen Außengrenzen ist politisch gescheitert. Jeder macht was er will, jeder denkt nur an sein eigenes Land, es gibt in humanitären Problemen keine Solidarität. Finanzielle Unterstützung wollen alle Länder der EU, aber humanitäre Verantwortung wollen nur wenige übernehmen. Die türkische Regierung ist nicht nur sehr unbequem, sondern sie verstößt auch gegen Menschenrechte. Die Entwicklung mit der Türkei in der Flüchtlingspolitik ist nur ein Notbehelf. Mein größter Wunsch besteht darin, politische und gesellschaftliche Wege suchen, um den Friedensprozess einleiten zu können.

3. Informant (Interviewpartner am 23.08.2017): (10)

Ich bin promovierter Theologe, 55 Jahre alt und bin Deutscher. Ich unterrichte Religion an einem Gymnasium und arbeite in der Seelsorge in verschiedenen Einrichtungen. Meine Hobbys sind Tanzen und Reiten, außerdem bin ich Amateurfunker. Ja, ich habe private sowie berufliche Kontakte zu anderen Nationalitäten. In der Jugendarbeit bin ich ehrenamtlich tätig. Ich bin über die Flüchtlingsströme in Europa nicht überrascht, denn die Kirche und andere Experten haben schon vor einigen Jahren auf dieses Problem hingewiesen. Das lösen der Flüchtlingssituation kann nur langfristig durch die EU gemeinsam gelöst werden. Fluchtursachen müssen angegangen werden und durch finanzielle und wirtschaftspolitische Förderungen sollten Lebenssituationen geschaffen werden, um Fluchtgründe zu reduzieren. Zur „Interkulturellen Orientierung" gehört die eigene Position unter Berücksichtigung der Außenperspektive zu vertreten und mit gegenseitigem Respekt und Toleranz die Andersartigkeit achten. Ein Einwanderungsgesetz könnte sinnvoll sein, wenn notwendige Regelungen transparent dargestellt werden. Bedürfnisse der Gemeinschaft sollten eine hohe Priorität haben. Die Integration ist in Deutschland gut gelaufen, leider in Frankreich nicht. Ja, das Asylgesetz sollte situativ modifiziert werden. Unter Berücksichtigung der gesellschaftlichen Entwicklung wird es immer notwendig sein, die Veränderungen mit einzubeziehen. Mit der Verteilung der Flüchtlinge sollte man lieber kleiner beginnen und Konstruktionsfehler beheben. Eine notwendige Erweiterung kann dann schneller geschehen und keiner hat das Gefühl der Überforderung. Nein, die Türkei ist kein Partner in der Flüchtlingspolitik, denn ein Staat, der gegen Menschenrechte verstößt und die Pressefreiheit missachtet, kann kein Partner in einer humanitären Hilfe sein. Mein größter Wunsch ist, dass durch die Außen- und Wirtschaftspolitik die Fluchtursachen in armen Ländern beseitigt werden.

4. Informant (Interviewpartnerin am 29.08.2017): (11)
Ich bin Verwaltungsangestellte im Senioren- und Jugendzentrum der Stadt Langen, bin 44 Jahre alt, bin evangelisch und meine Hobbys sind Lesen, Schwimmen und Klavier spielen. Ich bin in Deutschland geboren und meine Eltern kommen aus Polen. Ich habe privaten und beruflichen Kontakt zu anderen Nationalitäten. Ja, ich bin ehrenamtlich tätig. Die Flüchtlingswelle empfinde ich schwierig und eine Lösung ist nur mit allen EU-Mitgliedsstaaten möglich. Zur „Interkulturellen Orientierung" gehört Offenheit, Respekt, Vorurteile abbauen und Miteinander reden wollen. Ein Einwanderungsgesetz ist nötig, wenn die Inhalte zeitgemäß sind. Die Integration ist schwierig, es ist nicht immer alles optimal gelaufen. Das Asylgesetz muss auf jeden Fall modifiziert werden. Die europäischen Mitgliedsstaaten ziehen sich fast alle zurück, jeder macht sein eigenes Ding. Die Länder an den Außengrenzen werden mit den Problemen alleingelassen. Die Türkei kann kein Partner in der Flüchtlingsaufnahme sein. Das Abkommen mit der EU und der Türkei ist nicht in Ordnung. Mein größter Wunsch ist den Krieg in Syrien zu beenden und die Fluchtursachen zu beseitigen. Wir brauchen weltweit eine nachhaltige Entwicklung zur Friedenssicherung.

5. Informant (Interviewpartnerin am 30.08.2017): (12)
Ich bin 41 Jahre alt, habe die deutsche Staatsbürgerschaft mit türkischer Herkunft und arbeite als Verwaltungsangestellte im Senioren- und Jugendzentrum. Meine Eltern kommen aus der Türkei, sind in 1968 nach Deutschland gekommen. Meine Eltern haben die deutsche Sprache gelernt und sind integriert. Ich

gehöre dem Islam an, so wie meine Eltern, wir sind auch offen anderen Religionen gegenüber und ich trage kein Kopftuch. Ich habe nicht nur privat viel Kontakt zur türkischen Gesellschaft in Langen und Sprendlingen, sondern auch beruflich viel Kontakt zu anderen Nationalitäten. Ja, ich bin ehrenamtlich tätig. Die Flüchtlingsentwicklung in Europa ist schwierig. Die Flüchtlinge aus Afghanistan und auch aus Syrien werden sich niemals integrieren. Es gibt keine Lösung in Europa, denn es werden keine Spielregeln der Integration angenommen. Die Flüchtlinge wollen ihre Kultur mitbringen, ihre Identität beibehalten und haben keine Integrationsbereitschaft. Ich kenne die Afghanen und Syrier, deshalb sage ich nein zur Aufnahme dieser Menschen. Ein Einwanderungsgesetz sollte in Grenzen eingeführt werden, aber Asyl darf nicht in großen Mengen gewährt werden. Die Integration hat in der Vergangenheit dann gut funktioniert, wenn eine Integrationsbereitschaft vorhanden war. Meine Eltern sind als Gastarbeiter nach Deutschland gekommen, wollten eigentlich nach einigen Jahren wieder zurück, aber durch eine gute Anpassung sind sie dann doch aus einer arbeitspolitischen Not heraus in Deutschland geblieben. Das Leben in Deutschland ist besser als in der Türkei. Das Asylgesetz sollte unbedingt modifiziert werden, denn die Kriminalität hat sich in Deutschland erhöht. In den Flüchtlingsunterbringungen werden kriminelle Handlungen durchgeführt, aber die Täter werden nicht gefasst und aus dem Land verwiesen. Es werden teilweise die Papiere verbrannt, so wie in Hamburg in 2015 geschehen, um die Herkunft zu verleugnen. Die europäischen Mitgliedsstaaten verhalten sich so, wie es ihre Gesetze erlauben. Ja, die Türkei ist ein Partner in der europäischen Flüchtlingspolitik, denn sie hat schon vor einigen Jahren viele Flüchtlinge aufgenommen und will weitere Flüchtlinge aufnehmen. Mein größter Wunsch ist, dass die Kriege aufhören und alle Flüchtlinge aus den Kriegsgebieten wieder in ihrer Heimat leben können.

6. Informant (Interviewpartner am 04.09.2017): (13)
Ich bin Deutscher, Oberstudienrat, unterrichte Musik und Erdkunde an einem Gymnasium und habe Ergebnisverantwortung. Ich bin katholisch und spreche als Fremdsprachen Englisch und Französisch. Meine Hobbys sind Naturerlebnisse, Gartenarbeit und Musik. Ich habe privat und beruflich viel Kontakt zu anderen Nationalitäten (Japan, Ungarn. Iran, Pakistan) und bin in der Jugendarbeit ehrenamtlich tätig. Die Flüchtlingspolitik in Europa ist ein Trauerspiel, die Situation ist schrecklich und die eingesetzten Waffen machen alles noch viel schlimmer. Die Flüchtlingsentwicklung kann nur europäisch gelöst werden. Alle Mitgliedsstaaten müssen mehr Solidarität zeigen und die Flüchtlinge gemeinsam aufnehmen. Langfristig müssen die Fluchtursachen beseitigt werden, um den Menschen wieder eine Lebensperspektive in ihrer Heimat zu geben. Zur „Interkulturellen Orientierung" gehört, dass man die Kultur der anderen Menschen kennenlernen möchte, miteinander redet und die Probleme gemeinsam lösen zu wollen. Wir brauchen uns und jeder braucht jeden. Ein Einwanderungsgesetz ist sinnvoll, denn es gibt gegenseitige Orientierung. Das Asylgesetz sollte in einigen Bereichen verändert werden und der Entwicklung der Gesellschaft angepasst sein. Die Integrationspolitik ist in vielen Teilen in Ordnung und sollte im Bereich der Arbeitsmarktpolitik schneller durch Förderprogramme situativ handeln. Die Politik der Mitgliedsstaaten der EU ist in der Flüchtlingspolitik schlecht, unsozial und unmenschlich. Nein, die türkische Regierung kann kein Partner in der Flüchtlingspolitik sein. Eine Regierung, die gegen Menschenrechte und Pressefreiheit verstößt, ist unberechenbar, unsozial und nicht demo-

kratisch. Mein größter Wunsch ist, dass es Frieden gibt und die Flüchtlinge sollen wieder in ihre Heimat zurückkehren können.

7. Informant (Interviewpartner am 14.09.2017): (14)

Ich bin 32 Jahre alt, habe die deutsche Staatsbürgerschaft, gehöre keiner Religion an und spreche neben Deutsch auch Englisch. Ich arbeite in einer Bildungseinrichtung und habe Ergebnisverantwortung. Meine Hobbys sind Sport, Reisen und Haustiere. Ja, ich habe privat und beruflich viel Kontakt zu anderen Nationalitäten. Zur Zeit bin ich nicht ehrenamtlich tätig. Die Flüchtlingsströme sind sehr kritisch und überfordern viele Menschen. Die Fluchtursachen müssten mehr bekämpft werden, eine heimatnahe Unterbringung ist anzustreben und finanzielle Unterstützung ist notwendig. Die Länder an der europäischen Außengrenze dürfen nicht mit den Problemen alleine gelassen werden. Zur „Interkulturellen Orientierung" gehört es, notwendige Hilfen zu geben, Empathie zeigen und durch Kommunikation die Probleme gemeinsam lösen wollen. Ein Einwanderungsgesetz ist unbedingt erforderlich, denn es gibt durch Einhaltung definierter Spielregeln gegenseitige Handlungssicherheit. Die Italiener, Spanier, Griechen sind gut integriert. Wenn eine Integrationsbereitschaft vorhanden ist, könnte es auch bei den jetzigen Flüchtlingen klappen. Ja, das Asylgesetz müsste auch in Konfliktsituationen schneller zur Anwendung kommen. Wenn Flüchtlinge kriminell werden, haben sie meiner Meinung nach auch die rechtlichen Konsequenzen zu ertragen. Jeder Fall ist genau durch Anwendung der bestehenden Gesetze zu prüfen und schnellere Entscheidungen zu treffen. Viele EU-Mitgliedsstaaten sind egozentrisch, zu sehr nationalbewusst, haben keine europäischen Werte, wenn es um Menschlichkeit geht. Es fehlt die Umsetzung gemeinsamer Gesetze. Wenn sie Geld brauchen, suchen sie die Solidarität der anderen, aber gemeinsame Verantwortung lehnen viele Mitgliedsstaaten der EU ab. Zur Türkei gibt es leider keine Alternative. Die finanzielle Unterstützung wird meines Erachtens niemals dort ankommen, wo das Geld gebraucht wird, deshalb sollten diplomatische Wege gesucht werden, um das moralische Dilemma anzugehen. Mein größter Wunsch ist es, dass vernünftige Konzepte entwickelt werden, um sich nicht von der Türkei abhängig zu machen und nachhaltige Lösungen zu finden.

8. Informant (Interviewpartnerin am 04.10.2017): (15)

Ich bin Verwaltungsangestellte im Bereich Integration, Migration und Jugendarbeit der Stadt Langen. Ich bin 58 Jahre alt, habe die deutsche Staatsbürgerschaft und gehöre keiner Religion an. Meine Hobbys sind Lesen, Wassergymnastik und Ausdauersport. Neben Deutsch spreche ich Englisch und Französisch. Ich habe viele private und berufliche Kontakte zu anderen Nationalitäten, bin in der Flüchtlingsunterbringung für die Stadt Langen tätig. Weiterhin betreue ich die ehrenamtlichen Helfer, die in der Flüchtlingsbetreuung tätig sind. Die Flüchtlingsströme in Europa können positiv für die Volkswirtschaft sein, einiges wird sich stark verändern und Europa und auch Deutschland sollten es als Chance in der Arbeitsmarktpolitik sehen. Viele Flüchtlinge sind gut ausgebildet, suchen einen neuen Lebensraum und wollen sich mit ihren Kenntnissen einbringen. Es gibt keine schnelle Lösung, sondern einen langen Prozess der gegenseitigen Akzeptanz. Wir sollten den Flüchtlingen die Möglichkeit geben anzukommen, sich zu entwickeln und sich wohlzufühlen. Zur „Interkulturellen Orientierung" gehört meines Erachtens, dass man nicht zu viel fordert, sondern durch Neugierde und Empathie eine Entwicklung der Begegnung fördert. Das Wissen über andere Kulturen ist wichtig, um besser verstehen zu können. Nicht in jeder Kultur wird zur Begrüßung die Hand gereicht. Ein Einwanderungsgesetz einzuführen halte ich für schwierig, denn die Regelungen müssen nicht nur mit dem Grundgesetz in Einklang stehen, sondern die Inhalte sollten auch eine positive Weltoffenheit darstellen. Die Integration der ersten Generation war nicht immer einfach, weil einige keine Integrationsbereitschaft zeigten, aber die zweite und dritte Generation wurde durch Bildung und durch Gemeinsamkeiten im Vereinsleben und durch das Zusammenleben mit Freunden gut integriert. Viele Migranten sind ehrenamtlich in unterschiedlichen Vereinen tätig und gestalten auch dadurch unsere Kultur. Sehr wichtig sind die Sprachkenntnisse, aber auch die sozialen Aktivitäten (Musik, Tanz, interkulturelle Feste, Sport usw.). Das Asylgesetz sollte verändert werden. Durch die Veränderungen könnte man z.B eine Arbeitserlaubnis für Asylbewerber einführen und ihnen schneller die Sprache vermitteln. Die Flüchtlinge brauchen eine Aufgabe in der neuen Gemeinschaft, damit sie wieder ein positives Gefühl erhalten. Sie wollen arbeiten und brauchen Anerkennung. Gegenwärtig ist die Türkei noch Partner in der Aufnahme von Flüchtlingen, aber die EU muss genau hinschauen. Die türkische Regierung verstößt gegen Menschenrechte und gegen die Pressefreiheit. Eine schwierige Situation, die das Abkommen zwischen der EU und der Türkei gefährdet. Mein größter Wunsch ist die zeitnahe Verteilung der Flüchtlinge und eine menschliche Lebensperspektive ermöglichen.

Im Rahmen der „Dichten Beschreibung" möchte ich folgende Aussagen treffen:
Die Befragungen durch offene Experteninterviews haben gezeigt, dass die meisten Experten in Führungspositionen - in unterschiedlichen Berufsorganisationen – theoretisch eine gute Sensibilität in der Empathie zur „Interkulturellen Orientierung" und „Interkulturellen Kompetenz" auch im politischen Kontext aufzeigen. Leider war kein Interviewpartner dazu bereit, sich in

seiner täglichen Arbeit beobachten zu lassen. Somit ist auch kein Vergleich zwischen den theoretischen Aussagen im Interview und den praktischen Verhaltensweisen der Experten wissenschaftlich möglich. Eine Beobachtung wäre nur heimlich ohne Zustimmung möglich gewesen. Diese Arbeitsweise halte ich jedoch nicht für ethisch vertretbar.

Erste Erkenntnisse meiner interdisziplinären Forschung „Dichte Beschreibung":
Aussagen zur interkulturellen Ebene („Interkulturelle Orientierung"; „Interkulturelle Kompetenz" und „Interkulturelle Bildungsentwicklung":
Die Entwicklung der Flüchtlinge war in der Fußballmannschaft im Trainingsbetrieb positiv. Die Kommunikation war einfach und zielorientiert. Alle drei Flüchtlinge sprachen ein verständliches Englisch und ein gebrochenes Deutsch. Sie konnten bereits gut Basketball spielen, wurden von den anderen Spielern akzeptiert und die Verständigung war auf einem guten Sprachniveau.
In der zweiten Sportstunde der Intensivklasse sollten im Tanzprojekt Volkslieder aus der Heimat getanzt werden. In den ersten 10 Minuten wurde viel diskutiert. Aber dann bildeten alle 14 SchülerInnen einen Kreis und mehrere Mädchen (3 Mädchen) und vier Jungen fingen an zu tanzen und die anderen SchülerInnen klatschten rhythmisch dazu. Die Musik und Tänze können sicherlich zur „Interkulturellen Verständigung" einen wichtigen Beitrag leisten und sollten auch als Grundlage in der „Interkulturellen Bildungsentwicklung" angesehen werden.

Weitere Kernaussagen verschiedener Informanten:
Wir sollten unsere Werte in Europa offensiv vertreten, für die Gleichberechtigung der Frauen weiterhin eintreten und gleichzeitig respektvoll mit anderen Kulturen in Kontakt treten. Die Bereitschaft sich Wissen über andere Kulturen anzueignen ist die Basis für „Interkulturelle Orientierung". Die Kommunikationsbereitschaft muss mehr mit Empathie entwickelt werden.
Die EU hat in der Flüchtlingspolitik meines Erachtens versagt. Alle EU- Mitgliedsstaaten müssen mehr in die Pflicht genommen werden und Flüchtlinge aufnehmen. Der Rechtsradikalismus wächst leider in Europa. Die „Interkulturelle Orientierung" braucht mehr Offenheit, Toleranz, Neugier und Interesse und Wissen über andere Kulturen. Ein Einwanderungsgesetz sollte inhaltlich so gestaltet sein, dass eine positive und respektvolle Integration möglich ist. Eine Integrationsbereitschaft muss auch deutlich erkennbar sein.

Zur Entwicklung der „Interkulturellen Orientierung" ist es wichtig, mit verschiedenen Nationalitäten zu sprechen, Integration zu ermöglichen und gemeinsame Wege aufzeigen, um das Zusammenleben zu erleichtern. Andere Länder haben Einwanderungsgesetze. Deutschland könnte von ihnen lernen, dass es zu keiner Überregulierung kommt. Wer für Integration offen ist, der hat in Deutschland auch die Möglichkeit einer nachhaltigen positiven Entwicklung.
Zur „Interkulturellen Kommunikation", „Interkultureller Kompetenz" und „Interkultureller Orientierung" gehört meines Erachtens eine Interaktion auf Augenhöhe, Toleranz, Empathie, Neugierde entwickeln und gegenseitiger Respekt. Ein Einwanderungsgesetz sehe ich insgesamt als kritisch an, denn die Selektion wird verstärkt.
Zur „Interkulturellen Kompetenz" und zur „Interkulturellen Orientierung" sollte man historische, religiöse, biologische und

geographische Besonderheiten beachten, um eine positive Grundstimmung durch Empathie und Toleranz entwickeln zu können. Ein Einwanderungsgesetz ist notwendig, um Spielregeln zu definieren, damit sich Orientierung und gegenseitiger Respekt entwickeln kann.

Eine offene Kommunikation muss möglich sein, bei Straffälligkeit muss auch das Asylverfahren zur Ablehnung führen können. Zur „Interkulturellen Orientierung" sollte man gegenüber anderen Kulturen offen sein und neugierig auf das Fremde könnte eine Annäherung bringen. Ein Einwanderungsgesetz ist erforderlich – es kommt auf die Inhalte an.

Die Flüchtlingsproblematik ist diplomatisch schwierig und nur europäisch lösbar. Zur „Interkulturellen Orientierung" gehört der Austausch kultureller Inhalte und Lösungen in Konfliktsituationen aufzeigen, die einen Konzens mit gegenseitigem Respekt anstreben. Ein Einwanderungsgesetz wäre eine gute Sache, um Orientierungen durch definierte Regeln zu geben. Die Integration ist seit 1960 historisch gesehen nicht immer in der ersten Generation gut gelaufen, aber danach wurde in der zweiten und dritten Generation eine positive Eingliederung durch Bildung oftmals erzielt.

Es gibt keine schnelle Lösung, sondern einen langen Prozess der gegenseitigen Akzeptanz. Wir sollten den Flüchtlingen die Möglichkeit geben anzukommen, sich zu entwickeln und sich wohlzufühlen. Zur „Interkulturellen Orientierung" gehört meines Erachtens, dass man nicht zu viel fordert, sondern durch Neugierde und Empathie eine Entwicklung der Begegnung fördert. Das Wissen über andere Kulturen ist wichtig, um besser verstehen zu können.

Zur „Interkulturellen Orientierung" gehört neugierig auf andere Kulturen zu sein, gegenseitiges Interesse haben und auch miteinander kulinarische und musikalische Feste feiern. Ein Einwanderungsgesetz ist dann sinnvoll, wenn die Inhalte hilfreich sind und Orientierung durch definierte Spielregeln vermittelt wird. Vor 30 bis 40 Jahren gab es wenig Integration, man lebte nebeneinander her. In den letzten Jahren ist es in der zweiten und dritten Generation deutlich besser geworden, denn viele Kinder der Migranten sind in Deutschland geboren, sind zweisprachig aufgewachsen, haben durch die Schule und ihr soziales Umfeld eine gute Integrationsbereitschaft entwickelt, die für eine Integration eine wichtige Voraussetzung darstellt.

Zur „Interkulturellen Orientierung" sollte man die Kulturen differenzierter betrachten, die eigene Kultur gut kennen und sich mit Achtung und Empathie begegnen. Man sollte neugierig sein, sich Wissen über andere Kulturen aneignen und mit gegenseitigem Respekt zusammenleben. Wir brauchen dringend ein Einwanderungsgesetz, weil das Asylgesetz nicht ausreichend ist. Die Integrationspolitik hat viele gute Ansätze, um die kulturellen Unterschiede zu würdigen. Eine Integrationsbereitschaft muss jedoch unbedingt vorhanden sein.
Zur „Interkulturellen Orientierung" gehört die eigene Position unter Berücksichtigung der Außenperspektive zu vertreten und mit gegenseitigem Respekt und Toleranz die Andersartigkeit achten.
Die Flüchtlingsproblematik empfinde ich schwierig und eine Lösung ist nur mit allen EU-Mitgliedsstaaten möglich. Zur „Interkulturellen Orientierung" gehört Offenheit, Respekt, Vorurteile abbauen und Miteinander reden wollen.
Die Flüchtlinge aus Afghanistan und auch aus Syrien werden sich niemals integrieren. Es gibt keine Lösung in Europa, denn es werden keine Spielregeln der Integration angenommen. Die Flüchtlinge wollen ihre Kultur mitbringen, ihre Identität beibehalten und haben keine Integrationsbereitschaft. Ich kenne die Afghanen und Syrier, deshalb sage ich nein zur Aufnahme die-

ser Menschen. Ein Einwanderungsgesetz sollte in Grenzen eingeführt werden, aber Asyl darf nicht in großen Mengen gewährt werden. Die Integration hat in der Vergangenheit dann gut funktioniert, wenn eine Integrationsbereitschaft vorhanden war. Meine Eltern sind als Gastarbeiter nach Deutschland gekommen, wollten eigentlich nach einigen Jahren wieder zurück, aber durch eine gute Anpassung sind sie dann doch aus einer arbeitspolitischen Not heraus in Deutschland geblieben.

Zur „Interkulturellen Orientierung" gehört, dass man die Kultur der anderen Menschen kennenlernen möchte, miteinander reden und die Probleme gemeinsam lösen wollen. Wir brauchen uns und jeder braucht jeden. Ein Einwanderungsgesetz ist sinnvoll, denn es gibt gegenseitige Orientierung.
Zur „Interkulturellen Orientierung" notwendige Hilfen geben, Empathie zeigen und durch Kommunikation die Probleme gemeinsam lösen wollen. Ein Einwanderungsgesetz ist unbedingt erforderlich, denn es gibt durch Einhaltung definierter Spielregeln gegenseitige Handlungssicherheit. Die Italiener, Spanier, Griechen sind gut integriert. Wenn eine Integrationsbereitschaft vorhanden ist, könnte es auch bei den jetzigen Flüchtlingen klappen.

Im Rahmen der „Dichten Beschreibung" möchte ich folgende Aussagen treffen:
Die Befragungen durch offene Experteninterviews haben gezeigt, dass die meisten Experten in Führungspositionen und auch auf der Ebene der Sachbearbeitung - in unterschiedlichen Berufsorganisationen – theoretisch eine gute Sensibilität in der Empathie zur „Interkulturellen Orientierung" und „Interkulturellen Kompetenz" auch im politischen Kontext aufzeigen.
Aber es war auch festzustellen, dass die Integration von Mitbürgern, deren Eltern vor vielen Jahren nach Deutschland ge-

kommen sind, nicht immer im „Interkulturellen Sinne" funktioniert hat. Leider war kein Interviewpartner dazu bereit, sich in seiner täglichen Arbeit beobachten zu lassen. Somit ist auch kein Vergleich zwischen den theoretischen Aussagen im Interview und den praktischen Verhaltensweisen der Experten wissenschaftlich möglich. Eine Beobachtung wäre nur heimlich ohne Zustimmung möglich gewesen. Diese Arbeitsweise halte ich jedoch aus ethischen Gründen für nicht vertretbar.

Weitere Aussagen durch Interpretation „Dichte Beschreibung": Die bildungspolitischen Spannungsfelder im Bereich der Integration von Flüchtlingskindern sind durch die Interviews der Fachlehrer tendenziell sichtbar geworden. Einige Fachlehrer können die Kriterien zur Festlegung der Intensivklassen nicht erkennen und kritisieren die konzeptlose Vorgehensweise einiger Schulämter. Leider scheint die „Interkulturelle Kompetenz" zur Förderung der „Interkulturellen Orientierung" in nicht allen Schulämtern ausreichend vorhanden zu sein. Hier sollte zukünftig ein Ethnologe ein spezielles Arbeitsfeld finden, um als Kulturexperte in der konzeptionellen Planung unterstützend und beratend wirken zu können. Möglicherweise haben einige Führungskräfte zu wenig Empathie für die kulturelle Verständigung in der bildungspolitischen Vielfalt der kulturellen Aushandlung. Die Integration von Flüchtlingskindern kann meines Erachtens nur dann erfolgreich durchgeführt werden, wenn ein nachhaltiges Konzept - unter Berücksichtigung kultureller Aspekte - in der Bildungsentwicklung mit Vertretern der entsprechenden Schulformen gemeinsam entwickelt werden. Die Einführung der „Ethnologie in der Schule" könnte ein Weg der positiven Steuerung in einer multikulturellen Gesellschaft darstellen. Meines Erachtens sind die Kultusminister der Länder als politische Führungskräfte in der Verantwortung und sollten die Rahmenbedingungen zur Konfliktlösung einleiten, um auch eine bildungspolitische Entwicklung zur Integration von Kindern und Jugendlichen zu ermöglichen.

Fazit:

Durch die frühkindliche Prägung in der Erziehung und im Kindergarten können die Kinder spielerisch eine altersgerechte Empathie entwickeln. Die musikalische Früherziehung, gemeinsame kulturelle Feste organisieren und gemeinsames Kochen mit unterschiedlichen Rezepturen wird meines Erachtens langfristig, aber auch nachhaltig die Sensibilität zur „Interkulturellen Kompetenz" entwickeln können, wodurch auch die „Interkulturelle Bildungsentwicklung" deutlich verbessert werden kann. Zur Integration ist es wichtig, nicht nur neugierig auf andere Menschen zu sein, sondern auch eine Sensibilität zur Aufnahmebereitschaft und die Bereitschaft zur Anpassung gegenseitig in alltäglichen Lebenssituationen zu entwickeln.

Die Inszenierung von Körperlichkeit ist für Führungskräfte im Sport und auch außerhalb des Sports eine besonders wichtige und unterstützende Verhaltensform, um durch eine situative Körpersprache die erfolgsorientierte Entwicklung in der Führungsaufgabe zu gestalten.

Der Schulsport leistet einen kleinen, aber unverzichtbaren Beitrag zur Gesundheitserziehung, denn Sport in der Schule ist mehr als nur physischer Ausgleich.

Nach Hecker (1996: 13) soll der Sport physiologischen Bedingungen angepasst werden. Dadurch ist die Wahrscheinlichkeit sehr groß, dass sich eine positive gesundheitliche Wirkung nachhaltig entwickeln kann.

Ein Sportethnologe könnte auch hier als Mitarbeiter im Schulamt unterstützend und beratend als „Kulturexperte" tätig sein. Im allgemeinen Sportunterricht wurden keine kulturspezifischen Unterschiede signifikant festgestellt. Im Schwimmunterricht gab es bei einigen Schülerinnen eine Unterrichtsverweigerung aus religiösen Gründen. Sie wollten nicht gemeinsam mit den Jungen am Schwimmunterricht teilnehmen. Dieses Problem konnte auch nicht durch einen geeigneten Ganzkörperanzug situativ gelöst werden. Auch die Elterngespräche konnten diesen Konflikt nicht lösen.

Die Leistungen des Sportabzeichens sind für Kinder ab 8 Jahre und für Erwachsene ab 18 Jahre ein freiwilliger Vielseitigkeitstest in unterschiedlichen Sportarten (Schwimmen, Turnen, Leichtathletik, Radfahren usw.). Bei Erreichung definierter (altersgemäß gestaffelter) Mindestleistungen in 5 Kategorien erhalten die Teilnehmer das Sportabzeichen (Ehrennadel), ohne Mitglied in einem Verein sein zu müssen. Auch ausländische Mitbürger aus allen Kulturen können das Sportabzeichen erhalten und leisten mit der aktiven Teilnahme am Training eine positive Integration im alltäglichen Miteinander. Anregende Diskussionen mit gegenseitigem Respekt werden oft nach den gemeinsamen Trainingsstunden durchgeführt und lassen dadurch oft die kulturellen Unterschiede kleiner werden oder entwickeln ein größeres Verständnis für die unterschiedlichen kulturellen Aspekte. Die gegenseitige soziale Anerkennung fördert auch das Wohlbefinden und könnte ein Weg der weiteren Sozialisation einer multikulturellen Gesellschaft sein. Das Sportabzeichen kann auch einen lebenslangen Beitrag zur Gesundheitserziehung und Gesundheitserhaltung leisten. Wer drei bis zwei Stunden (an unterschiedlichen Tagen) pro Woche mäßig, aber regelmäßig und unter fachlicher Anleitung Sport treibt (sportliches Laufen, Schwimmen, Radfahren usw.), wird nicht nur die Mindestleistungen des Sportabzeichens erfüllen können, sondern auch seinen Gesundheitszustand (körperlich, seelisch, geistig, sozial) positiv steuern und langfristig stabilisieren. Gesundheitsentwicklung sollte zukünftig mehr kulturbezogen differenziert betrachtet werden. Die religiösen Aspekte sollten dabei berücksichtigt werden, aber sollten nicht unbedingt im Vordergrund stehen.

„Die soziale Interaktionsforschung hat uns gezeigt, wie das Menschenbild revidiert werden muß, um seiner sozialen Natur gerecht zu werden. […], daß es angeborene Tendenzen gibt, auf andere zu reagieren, […] daß es ein System nichtverbaler Signale zur Mitteilung interpersonaler Absichten und Einstellungen gibt; […] daß die Interaktion über die beiden Kanäle Gesichtssinn und Gehöhr abläuft, wobei Verbales und Nicht-Verbales eng koordiniert sind; und daß in jeder Kultur als Teil der gemeinsamen Lösung menschlicher Probleme Kommunikations- und Interaktionsmuster angesammelt werden" (Argyle 1972: 419

Durch die „Teilnehmende Beobachtung" und der „Dichten Beschreibung" möchte ich folgende Aussage als besonders wichtig festhalten: Der Schulsport beinhaltet psychomotorische Bildung und muss die eigene Körperwahrnehmung und die Entfaltung seiner Sinne entwickeln. Der Sportlehrer muss sich als Pädagoge und Psychologe ständig weiterbilden, damit er auch wissenschaftliche Erkenntnisse situativ in seiner Unterrichtsgestaltung positiv einbringen und dabei auch den besonderen Einfluss unserer multikulturellen Gesellschaft berücksichtigen kann. Der Sport- , Kunst- und Musikunterricht fördert die intrinsische Motivation und kann ein positiver Weg zur kulturellen Aushandlung darstellen. In der Musik und auch im Tanz werden kulturübergreifende Ausdrucksformen durch erlebte Körperlichkeit dargestellt.

Literaturverzeichnis

Allmer, Henning (1983): *Entwicklungspsychologische Grundlagen des Sports.* Köln: BPS-Verlag.

Argyle, M. (1972): *Soziale Interaktion.* Köln: BPS-Verlag.

Balz, Eckart in Bös/Brehm (hg. 1998): *Gesundheitssport.* Schorndorf: Hofmann.

Beer, Bettina, & Hans Fischer (hg. 2012): *Ethnologie. Einführung und Überblick.* Berlin: Reimer.

Bertels, Ursula et. al. (1998): *Ethnologie in der Schule. Eine Studie zur Vermittlung Interkultureller Kompetenz.* Münster: Waxmann.

Buchner, D. (1996): *Outdoor Training: Wie Manager und Teams über Grenzen gehen.* Wiesbaden.

Brehm, Walter in Bös/Brehm (hg. 1998): *Gesundheitssport.* Schorndorf: Hofmann.

Durkheim, Emile (1981): *Die elementaren Formen des religiösen Lebens.* Übersetzung von Ludwig Schmidts. Frankfurt: Suhrkamp.

Elias, Norbert (1988): *Über den Prozeß der Zivilisation.* Frankfurt: Suhrkamp.

Gächter, Ottmar & Anton Quack (hg. 1989): *Symbole, Magie und Religion.* Anthropos, Bd. 84, H. 4./6., pp. 521-559. http://www.jstor.org/stable/40463939: 01.02.2012.

Hecker, Gerhard (1996): *Sportpädagogik – Eine Einführung in sportpädagogisches Denken.* Frankfurt: Diesterweg.

Heckhausen, H. (1989): *Motivation und Handeln.* Berlin: Springer.

Hofstätter, P.R. (1973): *Einführung in die Sozialpsychologie.* Stuttgart.

Hohmans, G.C. (1950): *The human group.* New York.

Jerusalem, M. (1997): *Gesundheitserziehung und Gesundheitsförderung in der Schule.* Göttingen: Hogrefe.

King, Serge Kahili (1997): *Kahuna Healing, die Heilkunst der Hawaiianer.* Freiburg: Alf Lüchow.

Kurz, Dietrich & Maike Tietjens in Bös/Brehm (1998): *Gesundheitssport.* Schorndorf: Hofmann.

Mischung, Roland (2003): *Religionsethnologie.* In Bettina Beer & Hans Fischer (hg.): *Ethnologie: Einführung und Überblick.* Berlin: Reimer Verlag. (197-220).

Moosmüller, Alois (2011): *„Interkulturelle Kommunikation aus ethnologischer Sicht".* In: Barmeyer, Christoph et al. (Hg.): *Interkulturelle Kommunikation und Kulturwissenschaft. Grundbegriffe, Wissenschaftsdisziplinen, Kulturräume.* Passau: Karl Stutz.

Petter, Wolfgang (1994): *Reihe – Pädagogische Psychologie.* Mainz: Selbstdruck Uni-Mainz.

Petter, Wolfgang (2001; Heft 6-9): *Dozentenskript zur Pädagogikvorlesung.* Selbstdruck Uni- Mainz

PRO TIME (2002): *Tabelle (WS 2002).* Universität Mainz 2002.

Rosenfeld, H.M. (1966): *Instrumental attiliative functions of facial and gestural expressions.* J. pers. soc. Psychol., 4.

Röthig, Peter u.a.(hg. 1997): *Sportwissenschaftliches Lexikon.* Schorndorf: Hofmann.

Schulz von Thun, F. & J. Ruppel (hg. 2000): *Miteinanderreden: Kommunikationspsychologie für Führungskräfte.* Reinbek bei Hamburg: Rowohlt.

Spangenberg, K. (1969): *Chancen der Gruppenpädagogik.* Weinheim, Berlin, Basel.

Spohn, Margret (2009): *„Berufsorientierung in den Kulturwissenschaften – Schwerpunkt Interation und Interkulturelle Kommunikation".* In: Beer, Bettina et al. (hg): *Berufsorientierung für Kulturwissenschaftler. Erfahrungsberichte und Zukunftsperspektiven.* Berlin: Reimer.

Weber, Max (EZ: ca. 1904-04; ED: 1904/05, überarbeitet 1920): *Die protestantische Ethik und der „Geist" des Kapita-*

lismus (PEGK). In Reinhardt, Völker (hg. 1997): *Hauptwerke der Geschichtsschreibung.* Stuttgart: Kröner.

Quellenverzeichnis
Landessportbund Rheinland-Pfalz (hg. 2000): *Sport Inform 13.* Mainz.